JN441304

마음 맞는 책 11

장호병 산문집

너인듯한나

국립중앙도서관 출판시도서목록(CIP)

너인 듯한 나 : 장호병 산문집 / 글쓴이: 장호병. -- 서울
: 북랜드, 2014
p.176 ; 120×187cm
ISBN 978-89-7787-626-2 03810 : ₩8000
한국 현대 수필[韓國現代隨筆]
814.7-KDC5
895.745-DDC21 CIP2014034485

마음 맞는 책 11 장호병 산문집

너인 듯한 나

인쇄| 2014년 11월 5일
발행| 2014년 11월 11일

글쓴이| 장호병
펴낸이| 장호병
펴낸곳| 북랜드
135-936 서울 강남구 강남대로 320 황하빌딩 1108호
대표전화 (02) 732-4574 | (053) 252-9114
팩시밀리 (02) 734-4574 | (053) 252-9334

등록일| 1999년 11월 11일
등록번호| 제13-615호
홈페이지| www.bookland.co.kr
이-메일| bookland@hanmail.net

책임편집| 김인옥
교 열| 전은경
영 업| 최성진

ISBN 978-89-7787-626-2 03810
값 8,000 원

너인 듯한 나

머리말

나인 듯한 너, 너인 듯한 나

우리말에서는 너와 나는 문자 상으로도 음운적으로도 묘하게 대칭을 이루고 있다. 말이 먼저 생기고 문자가 훨씬 뒤에 생겼음에도 'ㅓ'와 ㅏ'의 대칭은 공교로운 일치라 하더라도 어쩜 이렇게 대칭이 잘될까 싶은 생각이 든다. 팽팽하게 등을 지고 있어도, 숨 한번 들이켜고 자리를 바꾸어 마주 앉으면 다정한 친구가 된다. 또 입장을 바꾸면 '너'나 '나'로 일심동체가 되어버린다.

피 끓던 젊은 시절, 바스러질 듯 뼈만 앙상한 두 노인이 다투는 모습을 지켜본 적이 있다. 당장이라도 주먹이 나갈 기세였으나 싸움닭처럼 가슴팍만을 내밀었다. 용하게도 황금분할의 거리를 유지했다. 나 속에서 발견되지 못한 투지가 신기하여 한참이나 자리를 뜨지 못했다. 돌아보니 너인 줄로만 알았던 그 투사가 나 속에도 있음을 알게 된다.

큰 나무 밑에서 득 보는 나무는 거의 없지만, 큰사람 아래서는 득 보는 사람이 많다. 그런데 친구 K는 유력한 사람들 앞에 나서기를 주저하는 나 같은 자칭 아웃사이더이다. 많은 사람들에게 둘러싸인 유력자 앞에 줄을 서느니, 홀로이거나 어깨가 쳐진, 너인 듯하지만 더 나다운 사람들에게로 발길이 향한다.

'있는 듯, 없는 듯'이 나 본연의 모습이라 여기며 여기에 머물려 했다. 세상에 나서기를 많이도 망설였다. 포기했음이 더 적절한 표현이다. 하지만 멋있는 사람들, 그들은 희생犧牲을 통해 희생喜生을 꿈꾸는 당당한 사람들이다. 환호 속에서 하늘 향해 두 팔 크게 뻗어 올리는 이를 보면 그를 닮고 싶었다. 닿기는 어렵지만 너인 듯한 나가 되리라 속셈을 몇 번이나 해보았다.

너는 또다른 나!
너와 나,
그 경계가 모호해졌다.
조명 받는 너를 보면 나인 듯하고,
어깨 쳐진 너를 봐도 나인 듯하다.
너와 나는 이미 우리가 되어 한 우리 속에 있다.

갑오년을 마무리하면서 봉황터_장호병 씀

차례

봉황터

호 가진 사람들을 부러워한 적이 있다. 지금도 그들이 부럽다. 선뜻 호를 지어주겠다는 사람 하나 없는 난 이 세상에 별로 쓸모가 없나 보다. 이름에 더하여 아호로 불리어지는 사람은 멋있고 위대해 보인다.

'이름'에 대한 어원을 생각해 본다.

우선 현재 생긴 모습이나 속성에서 분류하여, 명칭을 붙였다는 뜻이다. 개불알꽃, 애기똥풀, 할미꽃

이란 이름에서 그 이미지는 뚜렷이 다가온다. 일면식이 없는 사람일지라도 별명을 들으면 그가 어떤 사람인지 쉽게 짐작할 수 있다.

또 다른 하나는 설정한 곳까지 이른다는 미래지향적 뜻이 담겨 있다. 말에는 주술기능이 있어 말하는 대로 이루어지는 경향이 있다. 자식에게 붙이는 이름은 부모의 간절한 기도 그 자체이다.

좋은 이름으로 불리어지더라도, 자신의 현재와 미래를 관통하는 새로운 이름을 인생 선배나 스승으로부터 얻으니 이것이 호이다. 선배나 스승이 한둘이 아니고, 인생사 여러 구비니 그때마다 호가 생겨 여러 개의 호를 사용하기도 한다. 예명, 필명, 아호 등이 이에 속하고, 스스로 호를 짓기도 하니 자호自號라 한다. 조상들은 부모로부터 얻은 이름이 나쁜 일에 남는 것을 경계하였을 뿐만 아니라 이름이 함부로 불리지 않도록 소중히 여겼다. 그래서 어른이 되어서는 자字로 호칭하였고, 성가하여서는 처갓곳이나 벼슬을 따 택호宅號로 사용하였다.

삼십대 초입, 어느 문학 세미나에서 송명호 선생이 내 이름을 보시더니, '베풀장張, 여름하늘호昊, 불꽃병炳'이라 되뇌며 "이름값 하시겠네!"라시고는 누가 이름을 지었느냐고 물으셨다. 아버지께서는 아이가 태어나면 즐겨 이름을 지으시고 그때마다 흡족해 하셨다. 내 이름을 귀히 여기신 아버지는 '수야'라는 아명을 함께 주셨다. 학교에 들어갈 때가 되어서야 내 이름이 '호병'이란 것을 알았다. 발음이 힘들어서인지 어른들도 친구들도 언제나 '수야'로 즐겨 불렀다.

이름값을 할 그날이 좀체 오지 않은 것은, 그 좋은 이름이 자주 불리어지지 않았음에 최근 주목하게 되었다. 한때 텔레비전을 보면서 며느리나 사위의 이름을 마구 부르는 것을 못마땅해 한 적이 있다. 지금 생각해보면 부모의 염원이 담긴 이름이니만큼 부를 수 있는 한 많이 불러서 이름값에 빨리 도달하도록 하는 것이 좋겠다는 생각이 든다.

오형제 중 막내가 결혼을 하자 아버지는 형제간

에 우애가 변치 말라는 뜻으로 돌석자를 넣어 자를 지어주셨다. 나의 경우 석하(石夏)인데 형제들이 모일 기회가 흔치 않고, 또 모여도 이름 부를 일이 거의 없어 그냥 족보에나 올라 있다.

호를 지어줄 고매한 스승도, 언제나 동행해 줄 친구도 흔치 않는 세상이고 보면, 이런 복잡한 이름 체계는 고리타분한 유교사회의 잔재로써 청산해야 한다고 생각하는 이가 많다. 하지만 호 없는 이에게 호는 참으로 부러운 액세서리임에 틀림없다.

좋은 이름은 부를수록 더 좋아지고 나쁜 이름은 부를수록 더 나빠진다. 이름이 교수라서 교수 된 이가 있고, 이름이 과장이라 과장까지 승진한 이가 있다. 이름을 보면서 은연중에 어떤 사람인가 점쳐보기도 한다. 무영탑 전설의 주인공인 아사달의 이름에서 사랑은 사달이 나게 되어 있었다고 느껴진다. 외숙이나 외순 씨를 만나면 외가에서 태어났겠거니, 분순 씨를 만나면 꽃가루분 자를 썼지만 딸부잣집의 막내쯤이라 짐작을 해 본다.

남아선호시절, 끝순이나 딸막이 등의 이름을 가진 이들이 터를 잘 팔았다고 어른들의 사랑을 독차지하기도 했다. 누구는 딸 이름을 '뜨리미'로 했는데 딸만 그만 낳은 것이 아니라 아예 단산이 되었다고 한다.

호는 요즘 아이디나 닉네임이라는 말로 옷을 갈아입고, 인터넷에서는 이름보다 더 많이 사용된다. '늑대'가 음흉한 사람으로 여겨지듯, 그의 정체성은 아이디와 닉네임에서 분명히 드러난다. 성이나 이름이 아이디에 포함되어 있다면 대부분 사오십대 이후의 구세대들이다.

남의 닉네임은 듣기만 해도 멋있고 그를 잘 드러내는 말로 여겨진다. 하지만 내가 나를 어떻게 이름할 것인지, 나는 오랫동안 고민해 보았으나 신통한 생각이 떠오르지 않았다. 품위와 뜻을 염두에 두고, 부르기에도 쉬워야 한다.

이름을 크게 짓고 많이 불러주는 것이야말로 개인의 발전을 위해서 바람직한 일이다. 그런데 조상들의 호를 보면 의외로 소박하거나 겸손하다. 능력보다 큰 호는 제 몸보다 큰 고급 옷을 입는 것과 같다. 일을 할 때는 무명옷이 비단옷보다 만만하여 능률을 더 많이 올릴 것이요, 창공을 나는 노고지리가 화려한 자태의 공작을 부러워하지 않는 이치와 같다. 그리고 능력보다 큰 이름값을 하려고 평생을 종종걸음으로 살아야 한다면 결코 행복한 삶을 살 수는 없을 것이다.

나의 닉네임은 봉황터로 쓰고 있다. 이 닉네임을 듣고 나를 교만하거나 도도한 사람으로 여기는 이가 많다. 허나 난 결코 봉황이 아니다. 나와 관계하는 이들이 모두 봉(♂)이요, 황(♀)이 되시라는 염원을 담고 있다. 나와 함께 공부하는 사람들이 봉황이 되어야 할 것이요, 나와 비즈니스를 하는 저자나 독자가, 나의 작은 일터에서 성심으로 일해 주는 직원들이 봉황이 되어야 한다는 것이다. 그래서 내 삶은 영화나 영광과는 거리가 멀 수밖에 없다. 이에 따른 고달픔을 즐겨야 한다. 한자를 좋아하는 분들에게는 대봉대待鳳臺로 쓰고 있다. 소쇄원 입구의 대봉대에서 따왔다. 봉황을 기다리는 곳이란 원래의 뜻이 소리로 발원할 때는 '큰 봉들의 대학'이 되어 기분이 좋다.

많은 봉황들에게 내 작은 어깨를 내어놓고 싶다.

실화상봉

열매가 먼저인가, 꽃이 먼저인가? 어느 쪽을 어버이라 해야 할지 난감하다. 그런데 차나무에서만큼은 열매가 먼저이다.

차나무는 가을이 무르익을 때 꽃을 피운다. 더없이 풍요로운 때이다. 정결하고도 하얀 꽃잎에서는 형광빛 광채가 나온다. 황금색 꽃술에서는 꿀의 향기가 있어 남은 계절을 부여잡고 있어도 노욕으로 비추어지지 않는다.

꽃들이 사위어 가는, 조금은 쓸쓸한 계절에 세상 구경을 나왔으니 뭇사람들의 찬사를 한 몸에 받는다. 풍요의 계절 한가운데이지만 상강을 비롯하여 입동, 소설 등 거쳐야 할 복병이 한둘이 아니다. 예고되지 않은 혹독한 추위도 물리쳐야 한다. 수많은 인고의 고개를 넘으면서 꽃잎은 더 희어지고, 꽃술은 더욱 영롱하게 황금색을 띤다. 차꽃이 아름답고, 사랑을 받는 것이 우연이 아님을 알 수 있다.

겨울이 되면 꽃 진 자리에 열매가 맺힌다. 그 열매는 이듬해 꽃과의 재회를 위하여 칼바람은 물론 폭설이나 삭풍에도 맞서야 한다. 추위가 물러가면서 땅을 들었다 놓았다 하는 해토의 계절을 맞는다. 매년 예외 없이 살을 에는 꽃샘바람에 혼쭐이 나기도 한다. 언제나 안심은 이르다. 작열하는 태양이 온몸을 달구나 하면, 한두 차례의 태풍에도 간담을 졸여야 한다.

역경이 몰아칠 때면 차라리 손을 놓아 버릴까. 그래도 예까지 온 것이 아까워 다시 손 다잡기를 수

차례. 더디어 꽃을 본다. 마라톤에서의 페이스 메이커처럼 차 열매는 연약한 새꽃에게 용기를 내라면서 목청 높여 격려하고, 지혜를 나눈다. 자신에게도 그런 선배가 있었으니.

차나무는 이렇게 실화상봉實花相逢을 하는 보기 드문 식물로, 그 한 살이가 사람살이의 미덕을 고루 갖추고 있다.

차나무는 직근성으로 한 곳에 뿌리를 깊게 내린다. 옆으로 뿌리가 뻗지 않아 옮겨 심으면 대부분 죽는다. 여기에다 차꽃은 어느 색에도 오염되지 않은 흰색이다. 연약해 보여도 흰꽃은 여자의 정절을, 군자의 지조를 상징한다고들 말한다.

뿐만 아니라 씨앗을 생산한다. 꽃과 열매가 다 실하여 혼례에서 차는 으뜸 대접을 받았다. 선인들은 고려시대까지만 해도 신부는 시가에 차를 예물로, 시어머니는 며느리에게 차 씨앗을 선물했다고 한다. 개가하지 말고 일부종사하여 가문을 빛내라는 무언의 염원을 담은 것이다.

차꽃은 대부분 다섯 잎으로 차의 오미 — 고苦 감甘 산酸 삽澁 함鹹을 뜻한다. 이 오미가 바로 인생의 참맛이 아니겠는가. 어느 하나라도 그 맛을 모른다면 인생의 참의미를 모른다 할 것이다. 너무 어렵게[苦]도 살지 말고, 그렇다고 너무 쉽거나 편해[甘]서도 아니 될 것이다. 신 맛으로 너무 티를 내는[酸] 것도 곤란하고, 떫거나 껄끄럽게[澁] 사는 것도 바람직하지 않으며, 너무 짜게[鹹] 사는 것 또한 좋지 않다.

긴긴 인생에서 그것이 결혼생활이든, 인간관계이든 달기만 한 것도 아니고, 그렇다고 쓴 것만도 아니다. 달콤하게 시작한 일도 어느 순간 쓰게 된다. 나의 달콤한 삶에서 허우적이다 보면 남의 어려움이나 자신의 코앞에 다가올지도 모를 몰락의 그림자는 안중에도 두지 않기 일쑤이다. 이 세상에 영원한 것이 어디 있는가. 차의 오미를 생각하면 '이 또한 지나가리라'란 솔로몬의 말은 참으로 명언이다.

다산초당 오솔길에서 차의 한 살이를 보았다. 실화상봉!

차나무의 실화상봉은 세파를 헤쳐 나온 어버이가 노심초사 자식의 안위를 지켜보는 것과 무엇이 다르겠는가.

굴곡 없는 인생은 없다. 바람은 언제나 불어오고, 복병은 도처에서 넘쳐난다. 순탄대로만 믿고 달리다가 진흙탕이나 가시덤불에 가로막히기도 한다. 낭떠러지 앞에서 간신히 숨고르기를 한 것이 어디 한두 번이랴. 자식이나 후배를 지극히 사랑하다 보면 차라리 세상의 십자가를 혼자 짊어지고 싶을 때가 있다. 그렇다고 자식을 세상에 내어보내지 않고, 후배에게 길을 내주지 않은 채 바람막이로만 버틸 수는 없다.

머잖아 차꽃이 지면 그 자리에 열매가 자리할 것이다. 그 열매 또한 인고의 세월을 이겨내면서 다가올 꽃을 기다리리라. 그 기다림이 결코 짧지 않음에도 새꽃에게 오미가 무엇을 뜻하는지, 온몸으로 가르쳐주고, 격려하리라.

삶에도 각본은 있다

각본 없는 인생이라고들 한다.

단판의 진검승부도, 엎치락뒤치락하는 삼세판의 승부도 다 우리네 인생과 닮아 있다. 바둑에서 대마불사의 신화나 어이없는 한 수로 대마가 나가떨어지는 것은 극명하게 다른 현상임에도 다 인생사에 비유되었을 때 한 치의 오류를 허용하지 않는다. 같아 보여도 절대 같을 수 없는 다양한 인간들이 각본 없이 펼치지만 드라마보다 더 드라마틱한 것이 삶이니 인생은 쉽게 정의를 내릴 수 없는 제곱근과 같다.

최근 들은 이야기이다. 김일성 박태선 문선명 박해월, 이 네 사람은 이북 출신으로 소시적에 한 선생님 아래서 정감록을 공부하였다. 앞의 세 사람은 일가를 이루어 세상을 구원할 정도령은 자신이라고 공언했다. 그러나 박해월은 미아리에서 철학관을 운영하였는데 호암이나 박정희 대통령의 술가로 숨은 역할을 하였다. 항간의 소문으로는 박해월이 5공 실세에 의해 강원도 산간으로 쫓겨나면서 '그도 나를 뒤따라 올 걸.'하면서 혼잣말처럼 중얼거렸다.

박해월은 만인만색의 인생에도 불구하고 우리의 삶은 보이지 않는 거대한 힘의 각본에 의해 조정을 받는다고 했다. 우리의 삶에 영향을 주는 그 힘은 하느님이나 부처님, 혹은 조물주나 자연의 섭리일 수가 있다. 때론 한 사람에게서 나온 절대권력이나 부일 수도 있고, 다수의 민중일 수도 있는 것이다.

친구 중 독실한 기독교 신자가 있다. 그는 매월 십일조를 철저히 지킨다. 돈 나갈 곳을 생각하여 어느 달은 줄인다던지 하면 꼭 그 정도로 뜻밖의 지출이 생기더라고 한다. 뿐만 아니라 감사헌금을 약정하면 그 이상으로 사업이 번창하더라면서 좋은 일도, 궂은 일도 모두 하느님의 뜻이라는 믿음을 갖고 있다.

그 보이지 않는 힘의 각본을 보지 못했으니 우리는 우왕좌왕하는지도 모른다. 만약 그 각본의 언저리에서 곁눈질이라도 할 수 있다면 더 이상 갈팡질팡하지 않아도 될 차선책이라도 우리는 강구할 것이다. 타고난 잠재력에 따라 각본이 짜여짐으로써 한 사람의 운명이 정해지지만 그 타고난 운명에 영향을 주는 것이 놓여진 환경이다. 전자가 신의 영역이라면 후자는 인간의 영역일 것이다.

해인사는 화재가 잦았다. 대적광전과 마주하는 매화산(梅花山 혹은 埋火山) 남산 제일봉의 화기가 해인사에까지 미치기 때문이란다. 비책으로 스님들이 지혜를 모은 결과 매년 단오날, 사찰 경내 5곳 바위에 판 구덩이에 소금을 넣고 물을 부었다. 또 남산 제일봉 중앙과 동서남북 5곳에는 소금단지를 묻었다. 그 이후로는 한 차례도 화재가 일어나지 않았다고 한다. 소금은 곧 바닷물로써 화기를 누른 것이다.

좋은 사주를 얻기 위해 철학관에서 구한 출생 날짜와 시간에 맞추어 출산을 시도하는 사람들을 가끔 본다. 대부분의 경우 인위적인 그 시간에 딱 맞추어지지 않더라고 했다. 나고 죽는 것은 하늘의 뜻이지 우리가 손을 쓸 수 있는 문제가 아니다. 그렇게 해서 한 사람의 각본이 짜여지는 셈이다.

잠금장치가 풀림을 전제로 해서 생겨났듯, 한 인생의 각본은 수정되고 보완되는 과정이 필시 있을 터이다. 그 후천적인 각본의 재구성이 작명이나 풍수지리이다. 불의 기운을 강하게 타고난 사람은 성격이 괄괄하여 큰일을 그르치기 쉽다. 이름에 물의 기운을 넣음으로써 원만한 성격의 사람이 되도록 한다. 오늘날의 풍수지리는 양택위주로 인간생활과 환경을 중시하는 쪽으로 발전하고 있다. 에너지 왕성한 남학생의 방이라면 기분이 차분하게 가라앉을 수 있는 푸른색 벽지가 효과적일 것이다.

타고난 사주나 관상, 환경 요인은 인간이 쉽게 바꾸기 어렵다. 그렇다고 이런 운명 또는 숙명적 요소를 피하는 것만이 능사는 아니다. 세상에 독이 있다면 해독제가 없을 리 만무하다. 운명이나 숙명이 아무리 지독하더라도 수양과 기도, 선업 앞에서는 아무런 맥도 출 수 없다고 한다.

우리 인생을 주재하는 보이지 않는 거대한 힘의 각본 그것은 결국 자신의 확고한 믿음에서 나온 자신의 각본이 아니겠는가.

인생은 비보호 좌회전! 내 인생의 각본, 그것은 내가 짜고, 내가 연출하면서, 내가 책임지는 것이다.

침묵의 와선

사람들은 어떤 사안에 대하여 특정한 신념이나 태도를 지닐 수 있다. 그러나 다른 사람들이나 사회로부터 고립되는 것은 원치 않는 경향이 있다. 그래서 어떤 견해나 여론이 우세한지 또는 지배적이 되어 가는지 알아보기 위해 주변 사람들의 생각이나 환경을 눈여겨보게 된다. 만약 자신의 견해가 지배적이거나 우세해지고 있다고 여겨질 때는 적극적으로 의사를 표명한다. 반면에 열세해지는 쪽에 있다고 판단되면 자신의 견해를 공개적으로 표현하는 것을 꺼려하거나, 오히려 침묵을 지킨다. 더러는 지배적 의견으로 입장을 바꾸기도 한다.

따라서 다수 쪽의 견해는 갈수록 더 우세해지고, 소수 쪽의 견해는 점점 침묵을 지키게 됨으로써 어떤 특정 의견이 지배적인 여론으로 형성되어 가는데 이를 '침묵의 와선이론'이라 한다. 엇비슷한 분포의 여론이라 할지라도, 언론이 지배적 견해로 내세운다면 그와 반대 의견을 가진 사람들은 점차 침묵을 지키게 됨으로써 미디어의 의견이 곧 여론으로 형성될 수도 있다.

오늘날은 많은 사람들이 직접 경험하지 못한 세계는 거의 방송이나 신문에 의존하여 문제의 사실에 접근하게 된다. 또 이에 대한 민심의 분위기까지도 파악한다. 매스미디어가 마음만 먹는다면 배를 산으로도 몰고 갈 수 있을 만큼 여론형성에 끼치는 영향이 매우 크다.

세월호 참사 때, 종편을 비롯한 많은 언론이 '에어

포켓'의 가능성을 제시하였다. 수백 명이 갇혀있는 배가 서서히 침몰되고 있는 안타까운 상황을 지켜보면서 우리는 발만 동동 굴렀다. 기울어지고 있는 배의 최상단 부위를 절개해서라도 적극적으로 대처해야 한다는 말을 하기에는 에어 포켓에 거는 사람들의 기대가 너무 컸다. 이는 곧 주도적 여론이 되어버려 많은 사람들이 침묵을 지킬 수밖에 없었다. 합리적이고 과학적이라서가 아니라 기적에 가까운 에어 포켓에 거는 기대를 대놓고 무시할 수 없었기 때문이다. 이제 와서 가정한들 달라지는 게 무에 있으랴마는 그때 보다 적극적으로 대처했더라면 더 많은 인명을 구조할 수 있었을지도 모른다.

침묵의 와선이론이 메스커뮤니케이션의 효과에 관한 연구에서 나왔지만 대인커뮤니케이션에서도, 특히 선거에 관한 한은 매우 잘 맞아떨어진다고 생각된다. 입후보자는 그의 지인이 들려주는 긍정적인 말에는 쉽게 현혹되어 확신에 확신을 거듭한다. 지인들 또한 입후보자가 듣고 싶어 하는 의중을 알기에 함부로 부정적인 의견을 말하지는 않는다. 꼭 해주고 싶다면 에둘러 말할 것이다. 따라서 입호보가 당선이라는 등식의 생각이 입후보자의 뇌리에서는 확대 재생산될 수밖에 없다. 지인들이 충심으로 그를 아껴서 들려주는 부정적인 참고의 말은 애써 축소시키게 된다

'당신들이 그렇게 생각한다면 내 생각쯤은 굳이 드러내지 않겠소.'

'당신이 바라는 바에 찬물을 끼얹기는 뭣하오. 해서 완곡하게 표현하니 새겨들으셔요.'

침묵을 택하는 자들은 양심이 곱다. 남들의 마음을 상하게 하거나, 다치게 하고 싶지 않다. 그런 선량한 다수의 목소리가 침묵으로 가라앉다니! 세상에는 낯 두꺼운 자들의 억지떼가 판을 치기 십상이다.

뜨거운 이슈가 부상했는데도 미디어들은 어느 쪽으로부터도 비난받을 빌미를 만들지 않겠다면서, 균형을 내세운 양비양시론으로 오히려 세상을 시끄럽게 만들고 있다. 기자를 일러 사회의 목탁이라 하거

늘, 기자는 비슷했던 과거의 사례를 수집 분석하고, 검증된 사계의 최고 권위자를 동원함으로써 대안을 제시하는 등 시시비비를 가리려는 근성이 있어야 한다. 양비양시론이 문제 해결에는 전혀 도움이 되지 않을뿐더러 국민들을 현혹시키면서 오히려 은연중 사람들의 편을 가르고, 발목을 잡음으로써 더 이상 나아가지 못하게 하고 있다. 그럼에도 이 채널이나, 저 채널이나 다 하나마나한 말잔치의 각축장이 되고 있어 안타깝다.

절대다수는 침묵하고 있다. 목소리 높은 사람들만이 민주주의네, 여론이네 하면서 설치고 있는 판국이니, 현금의 여론이라는 것도 상당히 왜곡되어 있을 수 있다.

듣고 싶은 소리만 들으려 하는 이들이여!

그대들이 외치고 있는 그 소리가 이 사회에 독소를 만들지도 모르오. 침묵에도 한 번쯤은 귀를 열어보시는 게 어떨까요.

원고청탁과 고료

짧은 꼬리의 대표 족속이 쥐는 아닐진대 지극히 적은 양을 비유적으로 이르는 '쥐꼬리'란 말 앞에서 나는 왜 기를 펴지 못하는가. 원고료를 받기도 하지만 주어야 하는 경우가 더 많은 나에게 원고료는 생인손처럼 아리다.

문장가의 글은 원고료란 이름으로 거래가 된다. 글은 재료비가 들지 않으니 무상으로 취해도 된다는 생각이 오랫동안 팽배해왔다. 그래서 저작료에 대한 인식이 다른 예술장르보다 문학 분야에서는 그 정착이 늦어졌고, 문학활동을 전업으로 하기에는 여간 어려운 일이 아니다.

글동네에서도 스타는 있다. 방송드라마의 경우는 원고료가 회당 억대에 이르는 작가가 있는가 하면 수십만 원에 불과한 작가도 있다. 심지어는 자료수집에서부터 구성까지 온몸을 던지고도 자기 이름으로 글을 내보내지 못하는 작가도 있다고 한다. 부익부 빈익빈의 냉엄한 현실이 글동네라고 예외일 리가 없다.

원고료에 관한 한 방송이나 신문은 그나마 나은 경우이다. 대부분의 문학잡지는 열악한 환경에서 그 명맥을 이어가는 것조차 버겁다. 오죽하면 문화체육관광부에서 우수문예지를 선정하여 작가들의 원고료를 지원하겠는가. 많은 잡지가 원고료를 책으로 대체한다. 글을 발표하는 문인 역시 원고료를 받겠다는 생각보다는 '주면 좋겠지'의 수준에 머물러 있다.

잡지들이 많다고는 하나 문장가들이 귀하신 몸으로 대접받으면서 자신의 글을 발표할 만한 잡지는 많지 않다. 신춘문예를 통해 문단에 화려하게 데뷔하고도 3-4년이 지났건만 잡지로부터 원고청탁 한번 받아보지 못했다고 호소하는 이가 한둘이 아니다. 잡지 홍수시대를 만나 스타작가들이나 거물급 문사들은 자신의 몸값을 올리기에 더없이 좋다. 잡지의 입장에서는 스타작가들의 원고는 돈을 주고도 받을 수가 없어 안달이고, 독자들의 관심을 끌지 못하는 고료를 주지 않아도 될 작품들은 넘쳐나서 탈이다.

작가가 원고청탁을 받지 못한다는 것은 개점휴업 상태나 다름없다. 작가들에게 원고청탁과 고료는 바로 자존심의 문제로 직결되는 일이기도 하다.

1. 고료를 받지 않고는 글을 내놓을 수 없다, 너희들이 강도냐.
2. 단돈 만원이라도 받아야 자존심에 상처를 입지 않는다.
3. 어려운 잡지운영의 현실을 감안, 얼마든지 원

고를 제공하겠다.

4. 글만 실어주면 오히려 책을 구매하여 경영에 도움을 주겠다.

편집자와 문장가들에게 회자되는 말들이다.

한때는 자신의 글이 돈으로 바꾸어지는 것을 마뜩치 않게 여겨 고료는 술값이라는 등식의 낭만 어린 시절이 있었다. 요즈음은 생업과 병행하면서 자아완성을 위해 문학을 하는 이들에게도 원고료의 의미는 남다르다. 자본주의 경제 구조 하에서는 모든 역량이 돈으로 환산되기에 고료가 없다는 것은 자신의 작품이 대접을 받지 못한다는 생각에 이르게 된다.

얼마 전 객주문학관으로 문학기행을 다녀왔다. 개관을 앞둔 시점에서 운이 좋게도 작가 김주영 선생을 만나 지난했던 소년기와 문청시절의 속내를 직접 듣는 행운을 가졌다.

원고료 이야기가 나왔다.

그는 원고청탁을 받으면 반드시 고료가 얼마인지

묻는다고 했다. 면전에서 혹은 전화로 고료를 확인하는 게 마음 불편한 일임에 틀림없다. 그럼에도 그는 글쓰기가 생업이기 때문에 얼마 이상이 아니면 쓸 수가 없노라고 단언하는 등 원고료는 자신이 직접 정해서 제시한다고 했다. 단 자신의 글도 하나의 상품이기에 소비자로서 그 돈에 합당하는 수준이 아니라면 반품을 해도 좋다는 말을 덧붙인다고 했다. 난 이 대목에서 선생을 다시 보게 되었다.

고료 수준보다 글이 쳐지니 반송한다는 말을 듣고 자존심에 상처입지 않을 작가가 어디 있으랴. 또 편집자로서도 아무리 고료를 충분히 주더라도 고료만큼의 수준에 이르지 못해서, 혹은 편집방향과 달라서 원고를 반송하겠다고 말하기는 쉽지 않다.

문장가라면 자신이 낳은 글에 대한 상품성과 당당함, 그 두 마리의 토끼를 좇고 있는지 살펴야 하리라.

'삶은 계란'을 영어로는?

문명의 이기가 발달하면서 노동의 강도는 줄어들었지만 일자리는 점점 줄어들고 있다. 18세기 산업혁명 시 섬유기계에 일자리를 빼앗긴 영국의 수공업자들이나 노동자들이 기계를 파괴하는 러다이트 운동을 펼친 적이 있다.

변화는 끊임없이 일어나고, 여기에 편승하지 못하면 낙오자가 되기 마련이다. 자동화와 경영합리화의 여파로 실직한 어느 사람이 낚시터로 유원지로 전전하면서 하루해를 보내기 위해 안간힘을 쓰고 있었다. 배에서는 꼬르륵 소리가 수시로 신호를 보내왔다.

"삶은 계란이 왔어요~!"

눈이 번쩍 뜨였다. 고픈 배는 아플 지경이었지만, 그에게는 '그래, 삶은 계란……!'이란 말이 비수처럼 다가왔다. 그는 왜 이 말에서 전율을 느꼈을까. 그의 심중을 보다 정확히 헤아리기 위해 '삶은 계란'을 영어로 옮겨 본다. 계란은 알겠는데 '삶은'을 어떻게 표현했을까, boiled egg 혹은 fried egg, 아무래도 그 정도의 일에서 그가 큰 깨달음에 이르지는 못했을 것이다. 그가 옮긴 영어는. "Life is an egg!" 였다.

'삶은 계란'과 통하는 맥이 보이는가.

'삶'은 아무래도 추상적일 수밖에 없다. 눈에 보이지 않는 삶이라는 본질을 한 마디로 설명하기는 어렵다. 그래서 그는 뼈저리게 실직이라는 아픔을 겪으면서, 평소 보아왔던 계란에서 삶의 이치를 터득했을지도 모른다. 자, 그럼 그가 계란의 모양이나 속성에서 삶을 어떻게 살아야한다고 깨달았을까. 여러 가지 가능성을 유추해 본다.

1. 계란은 왜 둥근가? 그리고 깨어지기 쉬운 계란에서 무엇을 느껴야 할까. 인생의 운전대를 잡을 때는 세상사 모나지 않게 둥글둥글, 조심조심 나아가야 한다.
2. 노른자와 흰자가 하나의 울타리 안에 들어 있는 것을 보면서 이해가 상반되는 사람들과도 조화를 이루어 살아가야 한다. 노른자가 중요하다 하여 이것만 취하면 삶에, 건강에 빨간불이 켜지는 것은 시간문제이다.
3. 열을 받으면 세상 만물이 녹아서 다 유연해지는데 계란만은 굳어진다. 사는 동안 어떤 경우에도 열 받지 말아야 한다. 굳어진다는 것은 곧 죽음을 의미하니까. 유연하게 순리대로 살아야 한다.
4. 값은 싸지만 계란만큼 완전한 식품은 없다. 연봉이 적고, 하잘것없는 직책의 삶을 산다할지

라도 사람은 존귀한 존재이다. 자존심으로 열등감에 대한 방어벽을 칠 것이 아니라 언제나 자존감을 잃지 않아야 한다.

5. 자율이냐, 타율이냐! 남이 깨면 후라이, 내가 깨면 생명이요, 부활이다. 내 인생의 주인공은 나이기에 언제나 스스로 깨어나야 한다.

6. 부화 시 어미닭은 고른 온도 유지를 위해 알을 가끔씩 굴린다. 이때 계란이 탁구공처럼 둥글기만 하다면 실수로 둥지를 벗어났을 때 계란은 멀리멀리 도망을 가버린다. 타원형인 것은 곧 제자리로 돌아가라는 뜻이다. 일생을 살면서 어찌 일탈을 꿈꾸지 않으랴. 그렇더라도 곧 자신이 세운 가치, 자신이 있어야 할 본분의 위치로 되돌아가야 한다.

7. 부화 시 빈틈이 없는 계란 속에서 병아리가 꺼내달라고 껍질을 두드릴[啐] 때, 어미닭은 때맞추어 쪼아[啄] 주어야 한다. 이를 줄탁동시啐啄同時라 한다. 아무리 성공적인 삶을 위해 발버둥

치더라도 당겨주는 이가 없다면 그는 성공할 수 없다. 반대로 선배가 아무리 끌어주어도 그가 열과 성으로 삶을 준비하지 않는다면 이 역시 성공을 거둘 수 없다. 건전한 맨토 또는 맨티의 역할을 유지해야 한다.

직장에서 중도에 밀려나는 사람들에게는 여러 가지 사정이 있겠지만, 그의 실직 사유는 어느 경우 때문일까. 남과 공존하지 못하고 모가 난 대인관계 때문인지, 혹은 이기적 행동이나 쉽게 열을 받는 성격 때문인지, 혹은 삶의 가치를 제대로 설정하지 않은 탓인지도 생각해볼 일이다. 그리고 열심히 노력했으나 줄탁동시를 하지 못해서일 수도 있다.

세상을 창조한 이는 위대한 신이다. 그런데 이를 해석하는 쪽은 사람이다. 그래서 사람은 신 못지않게 위대한 것이다. 시를 지은이는 시인이지만, 시가 보여주는 은유의 여백에 묘미를 살리는 이가 평론가이듯 말이다.

내자지덕이라오

인생에서 결혼만큼 중대한 비즈니스는 없다. 결혼생활을 통하여 부부가 부를 이루고, 2세를 보아야 하는 등의 비지니스적 요소가 없다면, 결혼했으니 사랑해야 한다는 공식은 성립되지 않을 것이다.

연애를 했든, 맞선을 보았든 결혼에 이르기 위해서는 특히 총각들이 '청혼 이벤트'라는 통과의례를 거치는 게 대세인 모양이다. 암컷 앞에서 한껏 교태부리는 수컷들의 생리를 보는 것 같다. 무뚝뚝한 아들을 둔 아비로서 이런 풍속도가 한때 마뜩치 않게 여겨졌었다.

사랑은 눈을 멀게 하고, 결혼은 눈을 뜨게 한다는 말이 있고 보면 결혼은 엄연한 현실로써 달콤하지만은 않다는 것을 웅변한다. 13일의 금요일에 결혼한 부부는 불행할 확률이 높다는데 어떻게 생각하느냐는 질문을 받고 버나드 쇼는, "당연히 그렇다. 이 날이라고 예외이겠는가!"라고 말했다. 결혼은 사랑의 종착역이 아니라 긴 여정이기에, 결혼시점 이전과 이후의 마음가짐에 대한 경구가 그렇게나 많은가 보다.

세상에서 가장 영양가 있는 글, 기도로 쓰여진 글이 결혼주례사이다. 그럼에도 많은 사람이 귀를 기울이지는 않는다. 신랑신부에게 주는 글로써, 이미 다 아는 이야기라고 생각하기 때문이다. 나는 요즘 결혼식장에서 맛있는 식사 못지않게 덤인 주례사도 챙겨 들으려 애쓴다. 이해관계에 놓여 있지 않은 제삼자로부터 느슨해진 결혼생활에 일침을 얻는 것이 신선하다.

최근 어느 주례자의 당부말씀이다.

결혼하기 전에는 상향 소신지원을 하란다. 이 세상을 살아가면서 늦다고 탓할 수 없는 것이 결혼과 죽음이라고 탈무드는 말하고 있다. 시간이 걸리더라도 자신의 이상을 함께 실현할 수는 있는 사람, 함께 있어서 더 나다워질 수 있는 사람을 만나기 위해 서둘지 말라는 뜻일 게다.

결혼 후에는 하향 눈치작전을 펼치란다. 어떻게 하면 상대가 더 행복해질 수 있는지 배려하라는 것이다. 남자의 역할, 여자의 역할을 굳이 따지지 말고 집안일에서 시간 나는 사람이 먼저 팔을 걷어붙여야 하는 것은 물론이다.

대부분의 경우 결혼 전략은 반대의 수순을 밟고 있다. 상대의 마음을 사기 위하여, 결혼 전에는 나를 최대한 낮추는 하향 눈치작전을 펼친다. 남편과 아내가 되어 결혼생활을 하면서는, '잡은 고기' 운운하며 소신 상향 작전에다 칭찬과 격려에는 인색해진다. 을의 입장에서 구애를 하고 양가 어른들의 결혼 승낙을 받아냈건만, 살아가면서는 갑으로 둔갑하는 게 결혼생활이다.

남편과 아내란 말은 결혼생활을 영위하는 지혜와 경구의 결정체라 생각된다.

신랑 하나 믿고 부모 형제 곁을 떠나 새 가족관계에 들어왔지만 신랑은 나의 편이 아닌 남을 편하게 해주는 존재라서 '남 편'임을 머지않아 신부는 깨닫게 된다. 위안으로 삼아야 할지, 부아를 터뜨려야 할지! 아내로서는 '나의 편'이 되지 못하는 신랑과의 온도차를 최소로 줄이는 일이 곧 결혼생활의 성공비결이다.

남자는 결혼을 하면 다 효자가 되려고 한다. 부모 형제에게 무엇이든 해주고 싶어 한다. 문제는 그것이 아내를 통하려고 하는 데 있다. 손끝에 물 한 방울 묻히지 않았던 신부가 이것 들어주고, 저것도 들어주다가는 몸이 열이라도 모자란다. 그래서 '안 해!'가 입에 밴다. 남편의 입장에서는 아내의 입에서 '안해!'가 아니라 '그래 할 거야!'란 말이 기꺼이 나오도록 해야 한다.

'남편'도 '아내'도 남성 위주의 가부장적 가족제도 하에서 생겨 나 굳어진 말이다. 요즘은 대부분의 신랑신부들이 결혼과 동시에 분가한다. 양가에 똑 같이 신경을 쓰고, 기여하겠다는 신혼부부들이 많아졌다.

결혼의 계절이 돌아왔다. 전혀 다른 사람이 만나 가족이 된다. 가족(family)이 '사랑합니다(Father and mother, I love you)'의 두문자로 이루어져 있음을 안다면 남의 편, 나의 편으로 거리를 잴 일이 아니다. 뿐만 아니라 '해', '안 해'로 저울질할 필요도 없으리라.

결혼생활의 성공비결이 '내자지덕內者之德'이었다는 어느 CEO의 말을 상기하면서, 남편이나 아내의 탓보다는 덕을 헤아려야 하리라.

'옵하'라 불러주오

손가락이라고 다 같은 손가락이 아니라 하나하나에는 이름이 있다. 수많은 나뭇잎도 다 같은 나뭇잎이 아니다. 한 잎을 드러내고자 한다면 다른 것과 구분할 수 있는 어휘를 동원하여야 한다. 하나의 물상을 지적하는 데 가장 적합한 단 하나의 명사, 그 상태를 묘사하는 데 가장 적합한 단 하나의 형용사, 그 움직임을 표현하는 데 가장 적합한 단 하나의 동사가 있다. 즉 딱 맞는 표현은 하나뿐이다. 이를 일물 일어, 일사일언이라 일컫는다.

고모부란 인간관계가 있어도 고모부만을 지칭하는 단어가 영어에는 없다. 숙부, 외숙, 당숙, 이모부, 고모부 등의 숙항이 영어에서는 구분 없이 uncle로 통한다. 가족 관계를 표현하는 말이 이렇게 세분화되어 있다는 점에서 한국어가 영어보다 한 수 위인가 하는 생각을 해본다. 형제 없이 외톨이로 자라나는 우리 아이들도 앞으로는 굳이 관계를 구분할 필요가 없을지도 모른다. '아제'라는 호칭만으로도 누구를 지칭하는지 알 수 있기 때문이다.

요즘 들어 결혼 청첩장을 받으면 누가 초대하는지 그 주체가 분명하지 않다. 내 기억 속 오랜 청첩장에는 혼주의 지인 중 한 분이나 주례자가 청첩인으로 되어 있었다. 따라서 아무개 '씨'의 장남 △△ '군' 또는 삼녀 ○○ '양'이란 표현이 당연히 들어 있었다.

요즘 청첩장 초대의 글에는 '저희 두 사람'이란 말이 흔히 등장한다. 이는 신랑신부가 일면식도 없는 양가 부모의 친지들까지 초청한다는, 말도 되지 않는 소리이다. 무례하게 부모의 이름 아래에는 씨(氏)자도 붙이지 않는다.

장남 장녀란 문구는 또 어떤가. 분명 동생이 있다는 뜻이다. 그럼에도 대부분의 경우 외아들이거나 외딸이다. 하나의 양식에서 몇 자만 바꾸어 신랑 신부 측이 공히 사용하자니 이런 경우가 생긴 것이다. 따지기 좋아하는 우리가 이 결혼식 청첩장에서만큼은 두루뭉술 넘어가는 게 오히려 이상하다. 인쇄소나 예식장의 양식에 따르다보니 외아들이 장남으로 둔갑한 것이다. 이렇게 시간이 흘러가다보면 장남은 동생이 있든 없든 처음 낳은 아들이라는 뜻이 될 것이다.

말도 생물과 같다. 시간 흐름에 따라 많은 말이 나타났다가는 사라지기도 하고 또 새롭게 진화하기도 한다. 그래서 말 속에는 그 언어를 사용하는 공동체의 문화나 사고의 DNA가 녹아 있다. 돌 무렵의 아이들을 어를 때 우리는 곧잘 '도리도리 짝짜꿍' 놀

이를 한다. 여기에는 사람의 도리를 은연중에 가르치려는 선인들의 뜻이 담겨 있다.

'몸'은 '모음'에서 온 말이다. 머리에서 발끝까지 죄다 모은 것을 몸이라 한다. 그런데 거기에 마음이나 정신까지 모은 것을 생각한다면 만점 한국인이다. 웬만큼 똑똑하다는 사람들도 몸을 통하여 이목구비며 비례 대칭 등 아름다움의 조건과 재능까지 읽으면서도 그 속에 깃든 마음이나 정신을 읽지 못하여 낭패를 당하기도 한다. 몸은 드러나는 육신만을 모은 것이 아니라 비가시적인 정신세계도 모았음을 읽을 수 있어야 하리라.

며느리가 아들에게 오빠라 부르는 것을 본 어느 시아버지는 요즘 젊은이들이 본데없이 자라서 그러려니 생각했다. 그런데 신행을 온 딸이 사위에게 오빠라 불러서 낯이 화끈거렸다는 이야기를 했다. 우리의 어린 공주들이 엄마 아빠의 호칭에서 은연중에 자기는 오빠와 결혼해야겠다고 생각할지도 모른다.

요즘 들어 오빠라는 말이 참 친근하게 느껴진다.

그리고 그 오빠라는 호칭에 안주하는 새댁의 심리에도 이해가 간다. 결혼 전 연애시절의 오빠는 하늘의 별도 달도 따다주는 만능의 호위무사가 아니었던가. 오빠란 호칭을 고수하는 데는 앞으로도 영원히 갑으로서의 공주대접을 받고 싶다는 심리 또한 무시하지 못할 것이다.

나이 들어가는 남자도 오빠란 호칭이 싫지는 않다. 비록 '○○전'의 주인도, 저택의 주인도 아닌 이상, '전하'나 '저하' 소리는 못 들어도 '옵하'란 호칭에서 어깨가 으쓱해질지도 모른다.

아내는 오빠를 통하여 계속 갑의 위치에 머물고 싶어 하고, 남편은 '옵하'에서 권위를 인정받고 싶어 한다. 아내들이여, 오빠가 아니라 '옵하'라 불러주오.

요셉효과 vs 노아효과

지폐의 면이 아닌 날 위에 동전을 앉힐 수 있을까?

동전이 균형을 잡는다면 불가능한 일은 아니다. 하지만 첨단과학에 힘입어 정확하게 동전을 경계 위에 맞추어 놓았다 할지라도 손을 떼는 순간 균형은 깨질 것이다.

방법이 없는 것은 아니다. 지폐를 일단 반으로 접어, 각도를 45도 내외로 벌리고 동전을 올린다. 아무렇게나 올려도 동전은 얌전히 자리를 잡을 것이다. 그리고 지폐의 끝을 쥐고 날이 일직선이 되도록 당기면 동전은 스스로 자리를 잡으면서 균형을 유지한다. 동전이 외부적 힘에 의해서가 아니라 스스로 균형을 잡아 현 상태를 지속적으로 유지하려 하는데 이를 요셉효과라 한다.

대형 시설물이 정상적으로 설치되었다면, 이후 다소의 결함이 발생하더라도 일단은 내부적으로 균형을 유지하면서 그 정상상태를 지속하려는 힘이 작용한다. 이 같은 요셉효과가 없다면 다리나 건물 등의 붕괴는 시도 때도 없이 일어날 것이다. 이 효과가 마냥 지속되는 것은 아니다. 유지 보수를 위한 말미를 우리에게 주겠다는 신이 준 기회이다.

요셉효과는 가시적인 세계에서는 물론, 어떤 사회 구성원들의 생각에서도 하나의 가치관이 지속적으로 유지되게 하는 경향이 있다. 그래서 우리는 가까운 미래를 예측할 수가 있다.

온 나라가 맨붕상태이다.

지상파방송을 비롯한 종편까지 나서서 세월호 침몰 사건의 실황을 중계하면서 사람들을 텔레비전 앞에서 떠나지 못하게 했다. 가라앉고 있는 배를 빤히 보면서도, 단 한 사람이라도 있을지 모르는 생존의 가능성 때문에 섣불리 손을 쓸 수가 없었다. 발만 동동 구르는 수밖에 달리 도리가 없었다. 며칠 동안 가족은 물론 온 국민의 가슴이 새카맣게 타들어갔다. 오래 전에 계획된 일도, 학생들의 축제도 취소하는 등 그야말로 잔인한 사월이 되었다. 허탈 운운하면서도 사람들은 채널을 이리저리 돌린다.

거슬러 올라가면 지난 2월 경주 리조트체육관 붕괴사고가 있었고, 2003년 대구지하철 참사, 그리고 성수대교와 삼풍백화점의 붕괴사고 등 잊을 만하면 또 다른 사고가 우리의 가슴을 휩쓸고 지나갔다. 그뿐인가! 북으로부터의 무력도발과 핵위협의 수위 또한 만만한 것은 아니다. 그럼에도 우리가 용하게 버티어 가고 있다는 사실이 놀랍다.

하드웨어적으로는 안전을 담보하지 않은 증축과

무리한 구조변경을 일삼아 화를 부른 경우가 적지 않았다. 한때는 이런 대형 사고들을 '빨리빨리'에 도취된 부실시공 등에 초점을 맞춤으로써 선인들에게 책임을 전가하였었다. 그러나 엄밀히 따져본다면 공공의 안전은 도외시하고 돈이 된다면 무엇이든 할 수 있다는 우리의 욕심과 추태에서 오히려 그 원인을 찾아야 할 것이다.

소프트웨어적으로는 특히 다중시설에서 만일의 경우를 대비한 근무자들의 교육이나 훈련이 거의 없었다는 점은 경악을 금치 못하게 한다. 거의 매달 실시해온 민방위나 재난 대피 훈련 시 이들 시설이나 기관은 무엇을 했는지 묻고 싶다. 많은 사람들의 안전이나 생명과 관련된 이런 곳이 정작 관리대상의 사각지대에 놓여 있었던 것은 아닐까.

지금 우리가 누리고 있는 한강의 기적이 요셉효과 속에서 지속되고 있는 게 아니라고 장담할 이 있으랴.

지폐의 날 위에서 균형을 유지하던 동전도 일단

균형을 잃어버리면, 우리가 아무리 노력해도 그 균형을 다시는 복원할 수 없다. 요셉효과에 맞서서 통제불능의 변화를 초래하고야 마는 이 경우를 노아효과라 한다.

적은 비용으로 최대의 효과를 거둬야하는 절박함 때문에 개발시대의 선인들은 30년, 40년 뒤를 생각하지 못했을 수가 있다. 오늘날의 사용자가 이를 고려하지 않고 어제도 오늘도 괜찮았으니 내일도 괜찮을 것이라 믿고 안이하게 팔짱만 낀 채 건성으로 관리해온 것은 아닐까. 사고가 터지면 압축성장이란 말로 포장하여, 우리 자신에게 그럴듯하게 면죄부를 주어온 게 사실이다.

세월호 사고에서도 선원들이 명예를 걸고 구조활동을 펴는 요셉효과를 보여주었더라면 이렇게 큰 인명피해만큼은 면했으리라. 상처 입은 분들에게 위로의 말씀을 드린다.

비싸게 치른 대가이니만큼 지혜를 모아 우리 사회의 안전에 대한 의식도 크게 성숙하였으면 한다.

화이부동和而不同

친구 Y가 생각난다.

촉망받던 여류시인이자 초등학교 교사였다. 그의 부군은 고등학교 수학교사였다. 그들이 처음 만났을 때로 시계를 돌려본다. 문학소녀의 풍부한 감성이 남자에게는 더없이 신선하였을 것이다. 조금은 무뚝뚝하지만 말 한마디도 허투루 내뱉는 법이 없는 정확하고 합리적인 남자의 듬직함에 그녀 또한 매료되었을 것이다. 나에게는 없는 그 무엇이 나의 부족을 채워줄 것이라 생각했기에 그들은 서로에게 자석처럼 이끌렸다. 부동이화不同而和!

결혼 후 한동안은 깨가 쏟아졌겠지. Y는 시인으로서도 인정을 받아가고 있었다. 시 쓰기를 삶의 1순위에 두었다. 사랑에 확신이 생기면서 그들은 부부이기에 한 곳을 보아야 하고, 함께여야 한다고 생각했을 것이다. 그런데 나와 다른 것에 매료되었지만 결혼생활을 통하여 나와 다른 너가 불편으로 다가오기 시작했다. 책이라도 보려거나, 좋은 시상이 떠올라 펜을 잡고 앉으면 '어이!'로 훼방을 놓았다. 가사는 아내의 몫이란 통념에 회의가 일기 시작하던 차에 '어이!'로 시작하는 물 대령, 신문 대령, 재떨이 대령의 신호에서 Y는 결혼생활에 불만이 쌓여 갔다. 동이불화同而不和!

스타덤이 눈앞이라 여겼기에, Y는 더 이상 참을 수 없어 과감히 결혼생활에 종지부를 찍었다. 시간이 없어서, 좋은 시상이 '어이!'에 방해를 받아서 좋은 시를 쓸 수 없었다고 생각했다. 마음대로 읽고 쓸 수 있는 시간이 주어졌다. 하지만 그때 달아났던 시상은 좀체 돌아올 기미를 보이지 않았다. '어이!'란 브레이크 안에서는 시가 늘 자신을 찾아왔고 이를 제대로 숙성시킬 시간이 없었다. 시를 찾아 나서니 제대로 된 시는 끝내 오지 않았다.

전보다 시가 되지 않는다고 집으로 돌아갈 보따리를 쌀 수는 없었다. 부부가 무슨 관계인지, 부러지면 부러지지 굽힐 수는 없었나 보다. 서푼어치도 되지 않는 자존심을 구길 수는 없었다. 시를 위해 나왔건만 끝내 시는 더 나아지지 않았다. 몸에서는 이상이 감지되었다. 머리에서 발끝까지에다 마음까지 모은 몸이 아니던가. 이 병원 저 병원 다녀도 아니 되었다. 하는 수 없이 하느님을 찾았다. "하느님께서도 고치기 어려운 병이 있습니까?" 물었더니 "암."이라 했다.

정말 삶[生]이란 소[牛]가 외나무다리[_]를 건너듯 조심조심 나아가야 한다. 너를 나로 만들기는 정말 어려운 일이다. 나는 나, 너는 너였기에 신선하지 않았던가. 주위를 둘러보면 다 평화롭고 행복해 보이지만 그 속을 들여다보면 어느 한 쪽이, 혹은 서로가 희생하면서 평화롭게 공존할 뿐이다. 때로는 제 팔 제가 흔들면서도 행복하게 살아가는 부부들이 얼마나 많던가. 화이부동和而不同!

'어이!'를 희생으로만 생각한 Y가 끝내 화이부동을 하지 못한 채 짧은 생을 마감했다고 했더니, 나의 수업을 듣는 오지연 씨는 희생犧牲을 통해 희생喜生을 도모했어야 했다고 함께 아쉬워했다.

Y는 훌륭한 시인이 되고자 했고, 시 쓰기를 1순위에 두었다. 잘한 일이었다. 그러나 그는 그 1순위 위에 하고 싶지 않아도 해야 되는 0순위가 있음을 몰랐었다.

Y의 명복을 빈다.

이중언어 방송을 촉구한다

"온새 우포나 티매, 론그 론그 아고……."

영어가 무섭긴 무서운가 보다. 영어책 읽어주는 발음을 듣고 어느 며느리는 더 이상 아이의 양육을 시어머니에게 맡기지 않았다고 한다. 귀도 채 뚫리지 않은 갓난아기에게 영어 학습 교재부터 들려주고 있는 게 현실이다. 아기 때부터 우리말보다 더 귀에 익숙해져야 하는 것이 영어요, 더 정확해야 하는 것이 영어발음이다. 이렇게 영어에 목을 매는 것은 다만 나의 아이가 세상에서 뒤떨어지는 것은 아닐까 하는 불안한 마음에서이다.

최근 국내로 들어오는 유학생들이나 다문화 가족, 근로자들의 한국어 실력을 보면 우리가 영어 교육에 일찍부터 막대한 투자를 하는 것이 바람직한지 고개가 저어진다. 그들은 한국어 공부에서 일등공신이 한국 드라마 시청이었다고 입을 모은다. 외국에서 어학연수를 했던 사람들이 그 실력을 유지 발전시키기 위해서 외국 드라마를 녹화하여 반복 시청하는 것도 같은 맥락이다. 이처럼 언어의 습득 및 학습 효과는 그 언어에 노출되는 빈도에 달려 있다고 해도 지나치지 않다.

텔레비전 방송이나 시청 시 한국어나 영어 등 이중언어와 그 자막까지 선택할 수 있는 기술은 이미 보편화되어 있다. 하드웨어는 십수 년 전에 완성, 상품까지 유통되고 있으나 여기에 맞는 컨텐츠는 거의 없다. 전화를 걸거나 받는 기능에, 어쩌다가 문자 메시지나 보내면서 고가의 최신 스마트폰을 들고 다니는 것과 다르지 않다.

한때 과외와 조기교육의 폐단이 영어에 있고, 영어의 구사가 한 사람의 인생에서 만능키가 된다고 여겨진 적이 있다. 차라리 영어를 공용화하자는 안이 여론의 뭇매를 맞았다. 공용화 발언은 어디까지나 영어에 노출됨으로써 영어학습에 들이는 비용과 공을 줄이자는 취지였을 것이다.

국가가 과외 근절과 글로벌환경에의 적응이라는 두 마리 토끼를 잡는다면서, 초등학교로 영어교육을 확대하고 원어민교사까지 수입하기에 이르렀다. 영어교육 비용과 교재개발은 국어교육의 경우를 훨씬 앞지르고 있는 현실을 감안한다면 영어 공용화 카드가 공염불이 아니었음을 깨닫는다.

하이테크 방송기술은 이미 상용화되어 있다. 최소한 공중파 방송에서라도 드라마와 외화, 교육방송 프로그램은 한국어와 영어, 그리고 자막까지 서비스를 하도록 의무화할 것을 촉구한다. 번역자들의 일자리가 늘어나게 되고, 또 향상되어가는 번역 기술로 한국문화가 세계로 뻗어나가는 데도 크게 기여하여 노벨문학상까지도 기대할 수 있다. 동시통역이 가능한 인재들이 늘어나면 뉴스까지도 이중언어 서비스가 가능해진다.

검증되지 않은 원어민 교사로 인한 부작용이 얼마나 많던가. 반기문 유엔 사무총장이 조기학습이나 원어민 교사의 수혜자는 아니지 않은가. 그렇지만 그가 구사하는 영어는 수준이 높은 것으로 정평이 나 있다.

저비용 고효용의 이중언어 방송은 우리 생활현장이 곧 시청각 학습자료가 됨으로써 영어에 대한 울렁증을 없앨 것이다. 우리가 마음만 먹으면 언제든 실전영어에 접할 수 있다. 영어로 들으면서 한글 자막을 참고한다면 이해가 훨씬 빠를 수 있고, 나아가 영어 자막에 영어로 듣는다면 원어민 교사가 필요 없어진다.

이중언어 방송 프로그램은 한국문화에 접근하려거나, 한국어를 배우려는 외국인들에게도 훌륭한 교육자료가 된다. 한글 자막에 한국어 발송, 혹은 영어 자막에 한국어 방송 등 외국인이라 할지라도 입맛대로 말과 글을 선택한다면 한국문화와 한국생활의 진면목을 배우기가 한결 쉽다. 이는 한류의 불꽃이 지속적으로 활활 타오르는 데도 크게 도움이 될 것이다.

이 일이 성사된다면, 박근혜 정부 특히 미래창조과학부가 내세우는 기치와도 궤를 같이할 뿐만 아니라 일자리 창출의 효과 또한 만만치 않다. 우리가 아직 전자제품이 펼쳐준 수준에도 따라가지 못해서야 될 일인가.

검솔 선생님을 추억하며

유명을 달리한다는 말이 실감납니다.

님께서는 영정사진 한 장 앞세우고 환한 미소로 십 년 세월을 달려오셨습니다만 기쁘게 맞이하지 못했습니다.

평소 선생님을 따르던 문우들과 후배문인들이 오늘 선생님을 마지막으로 배웅하고자 모여 있습니다. 생과 사의 경계가 분명한지라 실로 오랜만의 해후임에도 불구하고 악수는커녕 등 한번 도닥이지도 못했습니다. 줄곧 미진한 무언가가 우리들의 가슴 언저리를 맴도는 가운데 지난 날 선생님과 함께 한 일들을 돌이켜 보는 것으로 추억의 한 장을 넘깁니다.

대구문인협회 백일장에서 상의 등위를 순 우리말로 매겨서 시상하셨지요. 장원, 차상, 차하, 참방 또는 금상, 은상, 동상 혹은 대상과 본상 등이 일상으로 사용되던 때에 어금상, 지금상, 버금상, 잘한상, 잘할상 등은 참으로 신선하였습니다. 백일장에서 등위 간의 경계란 것이 묘하여 선자끼리 장원과 차상이 엎치락뒤치락하는 경우가 허다합니다. 어금지금이란 말이 있고 보면 지금이 때로는 어금을 능가할 수도 있는 그 묘미까지 담을 수 있었습니다. 뿐만 아니라 우리말을 갈고 닦아야 한다는 일념으로 제문 축문 고유문을 한글로 풀어내어 많은 사람들이 이용할 수 있게 하였습니다. 또 라디오 청취 후에는 아나운서들의 잘못된 발음을 일일이 지적하여 발표하시기도 했습니다. 이 모두가 선생님의 지극한 우리말 사랑에서 비롯되었습니다.

또 선배 문인들의 현창 사업에도 남달리 관심을 보이시어 목우 백기만 시비, 이상화 동상, 고월 이장희 시비, 빙허 현진건 문학비의 건립에도 주도적 역할을 하셨습니다. 광복50주년을 기념하여 발간한 대구문학선집(상・하)은 알찬 편집과 방대한 자료의 일목요연한 정리로 지금도 많은 문인들의 찬사를 받고 있습니다.

문인협회장 재직 시 처음으로 시도한 시 암송대회, 동화 구연대회는 하나의 작품이 여러 갈래로 활용되는 오늘날의 '원소스 멀티유징'의 길을 일찍부터 튼 혜안이었습니다. 이어서 저와 함께 시사랑회를 창립하여 매월 시낭송회를 개최함으로써 시의 저변을 두텁게 하였을 뿐만 아니라 대구시교육청으로 하여금 좋은 시 읽기 운동을 이끌어내셨습니다. 시사랑회장을 맡아 시 낭송가들에게 표준발음을 익히게 하셨고, 시낭송극본을 쓰기도 하셨지요. 요즘 문학행사에서 시극 공연은 이제 흔한 일이 되었습니다.

투병 중에도 창작활동에 열정을 쏟으시어 시집 『학여울』을 상재하시는 등 후배들에게 귀감이 되셨습니다. 시집 13권, 수필집 3권, 시조, 동시, 동화집 각 1권 외에도 다수의 저서가 있습니다.

생전에 이룬 왕성한 창작 및 저작 활동에 후배들은 경의를 표할 뿐입니다. 우리 말과 글, 그리고 시에 대한 사랑은 후학들이 이어갈 것입니다. 유고로 남겨두신 『시의 문, 동시의 꽃』도 머잖은 날 세상에 빛을 보일 것입니다. 이생에서의 짐 모두 내려놓으시고 가벼운 걸음으로 영면에 드소서. 영생복락을 두 손 모아 기원합니다.

이재행 형, 그립습니다
— 소금, 소주, 잉크를 사랑한 삶

이재행 형!

수 년 전 시민회관 계단을 오르면서 나의 시선은 앞서가는 형의 발뒤꿈치에서 떨어지질 않았습니다. 걸음을 옮겨 놓을 때마다 구두 발뒤꿈치에 나타나는 양말의 구멍이 마치 발걸음 수를 헤아리는 미터기처럼 보였지요. 얼마나 부지런히 이리 뛰고 저리 뛰었으면 양말에 구멍이 난 줄도 모르셨을까. 또 하나는 요사이도 구멍이 나도록 양말을 신는 이가 있다는 검소하다는 생각을 떨쳐버릴 수가 없더군요.

80년대 초 직장도 없던 형이 어찌 그렇게도 술은 좋아하셨소?

나는 그 때 출판사를 개업한 지 얼마 되지 않았고 또 틈틈이 학원에 나가 출판사의 적자를 보충할 생활비를 벌어야 했으니 나로서는 어깨가 참 무거웠지요. 어쩌다가 둘이 술자리를 같이 하다보면 2차 3차 술이 떨어질 때까지 먹어 치웠지요. 나는 그래도 나의 어깨에 매달린 삶의 무게 때문에 어떤 구실을 부려서라도 그 자리를 벗어났습니다. 또 어느 순간 형의 고함 때문에 얄팍한 나의 자존심이 상처 받지 않도록 형과는 일정한 거리를 유지해야겠다고 판단했지요.

조기섭 총장님이나 임무웅 시인께도 때로는 고함을 질렀지요. 이를 받아주시는 어른들의 사랑도 한편으로는 부러웠습니다.

쌀 한 됫박도 살 수 없어 집에서 떨어진 마을의

싸전에 들러 등산 간다면서 편지 봉투에 쌀을 사 갔다는 이야기며, 신춘문에 당선란의 사진을 보고 빚쟁이가 찾아올지도 모른다는 생각에, 얼굴이 나오지 않도록 뒤꼭지 찍은 사진을 편집국장께 제출했다가 뒤통수를 얻어맞았다는 이야기는 정말 훌륭한 술안주였습니다.

이 세상에서 가장 싼 것 세 가지를 들려준 적이 있습니다.

소금 ; 한 됫박만 사 놓으면 일 년간은 간 걱정을 하지 않아도 된다.

소주 ; 한 병이면 멀쩡한 사람도 머리가 팽 돌지 않을 수 없다.

잉크 ; 한 병만으로도 시집 몇 권은 거뜬히 쓸 수 있다.

고 했지요. 그런데 이 세 가지는 형을 어느 누구보다 넉넉하게 하였습니다.

가난, 술, 문학을 사랑하는 형의 진면목을 가장 잘 나타내는 대명사가 아닐까 생각합니다.

호주머니에 돈 없다는 사실이 사람을 얼마나 위축시키고 제약을 주는지 아는 사람은 알지요.

그러나 형은 역시 대인이라 생각하오. 자신의 뜻에 따름은 물론 걸림이 없었으니 말입니다.

결석을 수술하고 난 뒤 아직 아픈 배를 움켜쥐고도 그림을 수합해 시화전을 준비하던 형을 생각하면 그 열정이 정말 부럽습니다.

우리 직원들에게 주문해 두었던 인물 사진을 크게 확대해 가시더니 그 다음날 쓰러지셨지요. 그게 그만 영정이 되고 말았군요.

언제나 모자라기만 했던 '이승에서의 소풍 끝내고 하늘로 돌아가' 천상병 시인도 만나고 마음껏 베푸시면서 복락 길이 누리시길 기원합니다.

영원한 자유인이여!

나이, 왜 먹는다 하는가

며칠 후면 설날이다. 아무래도 구정이 되어야 진짜 나이를 먹는 게 실감난다. 나이 한 살 더 먹어서 뛸 듯이 기뻐하는 아이들이 있는가 하면, 그 한 살을 먹기 싫어서 몇 년째 같은 나이를 고수하는 사람도 있다. 먹고 싶을 때 몇 살 연거푸 먹고, 먹기 싫을 때는 거부할 수 있으면 오죽 좋으랴.

원하지 않아도, 나이는 왜 먹어야 하는가?

우리말에 먹는다는 표현이 적잖다. 살면서 밥 못

지않게 많이 먹는 게 마음이다. 욕이나 뇌물도 먹는다고 하고, 겁도 먹는다 한다. 담배도 먹고 심지어는 일등도 먹는다. 배고픔의 한이 말 속에 남아 있어서만은 아닐 것이다.

먹느냐 마느냐의 문제는 자칫 죽음과 맞바꿀 수 있는 중대한 일이다. 그럼에도 먹을 사람에겐 먹고 싶다고 먹고, 먹기 싫으면 뱉을 선택권이 없다. 먹어야 할 때는 먹을 게 없거나 모자라서 탈이고, 원치 않아도 피할 수 없이 먹어야 하는 게 또 탈이다. 먹어서 이로우면 다행이지만, 더러는 '잘 먹어야 본전'이고, '잘못 먹으면 원금보다 더 큰 이자'의 곤욕을 감수해야 한다. 나이 역시 제대로 먹지 못하면 체하거나 얹히니 아니 먹음만 못하다.

나이, 제대로 먹지 않으면 낡는다.

우리의 뇌는 과거의 학습과 경험을 축적하는 공간이 크다. 우리가 필요할 때면 언제고 기억을 편리하게 꺼내 쓸 수 있지만, 때로는 세월이 흘러도 더 이상 나아가지 못하고 기억 속에 갇히는 수가 있다.

시대가 바뀌고 그의 앞엔 새로운 사람으로 다 물갈이가 되었어도, 여전히 과거의 낡은 생각에서 헤어나오지 못하는 사람을 본다. 나이에 체하면 약도 없고, 수술도 되지 않는다. 주의할 일이다.

나이, 제대로 먹어야 늙는다.

늙어지면서 푸름의 윤기는 점차 사라진다. 촉촉하게 수분을 유지해야 할 피부는 말라서 거칠어지고, 작은 바람에도 눈물이 자주 나온다. 유연해야 할 팔다리와 허리는 굳으면서 퍽퍽해지고, 단단해야 좋을 근육은 탄력 없이 오뉴월 쇠불알처럼 늘어진다. 초롱초롱하던 눈과 귀들 어디 예전 같은가. 우탁의 말마따나 오는 세월 가시로도 막지 못하니 무슨 수로 나이를 물리친단 말인가. 다행스럽게도 둔화되는 신체지수에 늘어가는 건 지혜인지라, 가히 밑진 인생은 아니다.

곡물을 보관할 때 부패를 막기 위해 바싹 말린다. 놀라운 건 다시 물속에 담그면 온전히 익은 것만 씨눈을 틔울 수 있다는 사실이다. 나이 들고 늙어간다는 것, 그것은 익어간다는 것이다. 내놓은 대신 지혜로 채워나가는 것, 그것은 늙음의 미덕 아니겠는가. 온전히 늙어야 알곡으로 익으리라.

나이, 제대로 먹지 않으면 노인이 된다.

어느 시대에나 노인을 대접하지 않는다고 젊은이들은 싸잡아 비난을 받았다. 백발 꼬부랑 노인에게도 한때는 푸른 시절이 있었다. 그들은 허리띠가 곧 양식이었던 시대에 잠을 줄여서 가정과 나라의 경제를 일으켰고, 자식을 양육하였다. 그 공을 내세워 대접해 달라 외치는 일은 볼썽사납다. 되바라진 젊은이들은 나이 먹으려고 어떤 노력을 했기에 대접 받으려 하느냐고 반문한다. 노인이어서 대접받는다면 그것은 존경이 아니라 동정이다.

나이, 제대로 먹어야 어른이 된다.

아이들은 나이 먹으면 다 어른이 되는 줄 알고, 간섭 받지 않아 좋을 거라고 생각한다. 나이 들어 부모가 되고, 직장에서 또 어른의 자리에 있어 보라. 간섭이나 충고, 존경보다 훨씬 무거운 게 책임이다.

뿐만 아니라 수하의 삶까지 내 어깨에 짊어져야 하는 것이 어른의 자리가 아닌가. 노인은 많은데 어른이 없다고들 한다. 어른 노릇하기가 쉽지 않다는 이야기이다. 그래서 일흔의 나이에도 어른이 되지 못하고 노인으로 사는 사람이 있나 하면, 서른다섯 젊은 나이에 어른으로 사는 사람도 있다. 어른 노릇 제대로 해야 존경 받는다. 그때서야, 나이, 공으로 먹지 않았다는 것을 자타가 공인하리라.

먹는다, 거기에는 '날로 먹지 말라, 체하기 십상이다.'란 경고가 들어 있다. 나이, 꼭꼭 씹어서 맛을 음미하며 먹을 일이다.

군, 헌헌장부를 키우는 요람

가끔 길에서 전경이나 제복 입은 병사들을 만난다. 아직 솜털이 뽀송뽀송하다. 나에게도 저런 푸른 시절이 있었다.

열시에 취침하여 여섯시 기상까지 여덟 시간의 수면은 일과표에 불과했다. 야간 근무 한두 시간, 걸핏하면 알철모에 비상, 한겨울에는 얼음 깨고 연못에 들어가 오리알 줍기 등 잠은 언제나 부족했다. 세상에서 제일 무거운 것이 눈꺼풀이라 했던가. 앉기만 하면 자리를 가리지 않고 잠이 쏟아졌다.

한창 때 군에서 3년을 허송하는 것, 우리는 이를 썩는다고 했다. 제대를 하고 나니 결코 썩은 것이 아니었다. 이 사회에서는 도저히 할 수 없었던 값진 체험이자 수양이었다. 명산을 찾아 텐트를 치고, 여름마다 보름씩 바다에서 수중침투훈련을 받았다. 서천 앞바다에 도착하여 파도소리 들으면서 잠들었는데 이튿날 아침 일어나니 바다가 십리는 족히 멀리 달아나 있었다. 서해는 간만의 차가 심했다. 무릎까지 빠지는 갯벌에서 교관의 구령에 따라 '앞으로 취침!' '뒤로 취침!'을 반복하노라면 눈만 빠끔한 외계인이 되었다. 지옥 같은 훈련이 끝나고 마을주민들과 벌였던 축제는 아직도 눈앞에 생생하다. 서 상병이 춤을 추면서 다리를 번쩍 치켜들 때마다 마을 처녀들과 우리는 괴성을 질렀다. 그는 노팬티 상태로 인디언 추장 복장을 했던 것이었다.

매 분기 말 선봉부대 선발을 위한 측정이 끝나고 난 뒤 며칠간의 말미는 우리를 죽음의 공포로 몰아

넣었다. 장기복무지원자에게 주어지는 가산점으로 선봉부대의 고지는 늘 엎치락뒤치락했다. 다음 지원자가 나올 때까지 우리는 팬티바람으로 헬기장 눈밭 위에 엎드려 있어야 했다. 뼛속까지 한파가 파고들었다. 부당한 기합을 받고 있는 동안에도 국방부 시계는 돌아간다면서 오히려 우리 병들은 전우애를 더욱 돈독하게 다졌다.

야외훈련이나 천리행군 등 우리가 지나가는 곳은 복숭아 사과 등의 과일은 물론 초겨울의 무까지도 남아나는 게 없었다. 부모가 된 지금 생각하니 그때 무탈했던 것은 후한 인심 덕분이라기보다, 그 농부들은 자식을 키우는 부모였기에 우리들의 절도행위를 눈감아 주었고 때로는 따뜻한 밥까지 지어서 먹였던 것이다.

입대하여 가장 이해가 되지 않는 것이 선착순이었다. 목표물을 돌아서 들어오면 명령자가 몇 명만 취하고는 호각을 불었다. 뒤돌아서 다시 선착순으로 뛰는 것이었다. 꼴찌가 일등으로 들어오고, 기직맥

진 뛰었던 친구는 꼴찌가 되는 이 어처구니없는 현실을 받아들여야 했다. 동료의 잘못으로 내가 함께 벌 받는 것 또한 억울해 할 수 없었다. 한 발 물러서서 역지사지로 참고 때를 기다려야 했다.

머리 굵은 자식은 부모도 어찌할 수 없다고 한다. 군 복무기간 동안 신판 세속오계를 몸으로 익혀 돌아오는 또래들을 본다. 군대는 군대인가 보다 하면서 기대 반, 우려 반으로 컴퓨터 게임에, 스마트폰에 빠져 있는 아들의 등을 떠민 부모도 있으리라.

자식이 군에 있는 동안에는 푸른 제복 입은 병사들을 보면 다 내 자식인 것만 같아 눈길을 뗄 수 가 없다. 총기난사로 무고한 군인이 목숨을 잃고, 교실에서 일어났던 집단 따돌림과 괴롭힘이 병영 안에 만연하다니! 잔혹한 이리들의 집단가혹행위가 연일 언론을 도배하고 있다. 전쟁이 나면 총구가 어디로 향할 것인가. 피해자도 가해자도 다 우리의 귀한 자식들이라서 더 억장이 무너진다.

그릇된 병영문화, 고양이가 쥐를 어르듯, 약자를

괴롭히면서 모종의 희열을 느끼는 잔혹성을 은근히 즐기고 있는 병리 현상, 성과위주의 이기주의가 초래한 결과이다. 우리 사회의 축소판을 보고 있는 것은 아닐까.

비난과 처방이 난무한다. 사용자의 위치정보가 고스란히 드러나는 스마트폰을 병사들의 손에 쥐어줘서 어쩌잔 말인가. 섣부른 처방은 오히려 화를 키우는 독약이 될 수 있다. 세월호에서, 윤모일병의 죽음에서, 총기난사에서 '기본으로 돌아가라'는 소리가 들리지 않는가. 국회의원도, 부모도, 군인도 그 절반의 책임마저 느끼지 못한다면 사고는 끊일 줄 모를 것이다.

자식을 군에 맡겼다면 조국은 입대 때와는 비교도 되지 않을 헌헌장부로 만들어 그 부모에게 되돌려 주어야 한다. 국립묘지 넓은 장군 묘역 마다하고 사병 묘역에 잠든 채명신 장군이 한층 존경스럽게 느껴지는 아침이다.

권한과 책임

한 때 비가 감질나게 내리자 하루 내내 내린 비가 어떻게 0.3미리밖에 되지 않느냐, 비가 때맞추어 내리지 못하고 그마저도 강우량이 들쑥날쑥 대중없이 내릴 수 있느냐고 사람들은 불평을 했다. 대통령을 잘못 뽑아 그렇다고 했다. 원인이 어디에 있든 일의 결과만 보고 책임을 전가하는 우리 문화의 한 단면이다.

새 정부가 들어서거나 개각이라도 할라치면 도하

의 언론은 일제히 책임 총리제, 책임 장관제를 운운한다. '책임'이 아니라 '권한'을 앞세워야 하는 것이 아닌가. 무소불위의 권한이 대통령에게 쏠리는 것을 막고, 전문가인 실무자들에게 책임과 함께 권한을 주어 일을 제대로 시켜보자는 취지일 것이다.

비록 말단 실무자라 할지라도 그에게 책임을 크게 묻는다면 권한을 크게 주어야 하고, 권한을 크게 주었다면 그 책임 또한 크게 묻는 것이 당연하다. 우리 사회에서 이제껏 권한의 행사가 바람직한 방향보다는 그렇지 못한 경우가 많아서인지 권한행사는 제대로 발휘되지 않았던 것 같다. 권한이 크든 작든, 옷만 벗으면 대부분의 경우 책임을 다하는 것으로 받아들여진다. 책임을 무겁게 지우고, 대신에 걸맞는 권한을 주어야 하리라.

우리는 실무자들의 말에 얼마나 귀를 기울이는가. 무슨 일이 생기면, 대통령이 만능해결사가 아님을 잘 알면서도 답답한 마음에 대통령부터 찾게 된다. 왕조 시대의 DNA가 아직 남아 있어서인가. 어느 지역에서는 배정받은 고등학교가 마음에 들지 않는다고 학부형들이 집단으로 교육감에게 진정을 냈다가 통하지 않자 청와대로 직행하여 뜻을 이루기도 했다. 담당자와 일을 하다가 수가 틀리면 윗선이나 몇 단계를 뛰어 최고의 CEO를 찾는 게 우리의 정서가 되어버렸다. 심지어는 우리나라 안에서 지지를 받지 못하면 백악관 홈페이지를 찾는 경우도 있다.

이러한 정서는 실무자들의 권위와 전문성을 무시하는 처사에서 비롯된 현상이다. 현장에서 아무리 매뉴얼에 맞추어 일을 잘 처리하더라도 일단 민원이 발생하면 그는 자리에서 물러나야 하고, 소명의 기회조차 주어지지 않는 게 예사이다. 실무자에겐 물러날 책임, 불이익을 감수할 책임만이 있고 권한은 별로 없는 것이 작금의 현실이다. 실무자 또는 담당자의 전문성과 권위는 그 기관 최윗선의 권위와 크게 다르지 않으며 업무상 올바른 그의 판단은 결코 인사적으로 불이익의 대상이 되어서는 안 된다. 그럼에도 실무자 입장에서는 시민 한 사람의 힘조차 맞서기 어려운 것이 현실이다. 그래서 일선 파출소에서 야간 당직자들이 겪는 만취자들에 대한 시중꾼 노릇은 좀처럼 중단될 기미를 보이지 않는다.

실무자의 권한이 존중되는 시민 의식이 우리 사회의 정서가 된다면, 그에 따른 책임 또한 크게 물을 수 있다. 업무의 실명제를 통하여 그의 재임 중 집행된 일 중에서 잘못이 발견되었다면, 그가 발휘한 권한에 대해 무한책임을 물어야 한다. 실무자의 권한이 권력 앞에서도 당당해진다면, 해당 분야에서 축적된 노하우나 지식을 활용하는 전직 관료나 관련 분야 퇴직자들의 재취업은 오히려 우리 사회를 긍정적으로 발전시키는 동력이 될 것이다. 관피아나 전관예우로 지탄받을 일이 아니다.

공직자들은, 윗자리를 이용하여 매뉴얼 외의 일을 직원들에게 시킬 수 없는 세상이 되었다고, 불평 아닌 불평을 하기도 한다. 문제가 불거지면 그 책임은 윗선이 아니라 오롯이 자신의 몫이 되기에 담당자는 권한 행사를 확실히 하려는 것이다.

세월호 참사 이후 우리 사회의 의식이 크게 변화하고 있고, 또 변화되어져야 한다. 안전을 위해 항공기나 선박, 열차 등의 출발이 지연될 때 아직도 종사원들에게 고성을 지르거나 삿대질을 일삼는 사람들을 본다. 조직 바깥의 사람은 강자, 조직 안의 사람은 약자라는 기제 때문이다. 실무자가 매뉴얼대로 일을 처리한다면 안전사고는 있을 수 없다.

직위에 합당한 권한을 보장하고, 누구의 탓도 통하지 않는 무한 책임을 물을 수 있을 때만이 우리 사회는 건강하게 발전해나갈 것이다.

나 속의 '그대'에게 ……

나!

세상에서 가장 소중한 사람이다. 두 번째로 소중한 이는 '또 나'이다. 세 번째는 '역시 나', 네 번째는 '그래도 나', 다섯 번째는 '아무래도 나'이다.

이렇게나 소중한 '나'에 대해 구체적으로 생각해 본 것은 오래지 않다. 눈 뜨면 일터로 향해야 했던 시절에는, 사회의 한 부속품에 불과했던 나 자신에 대해 눈 돌릴 겨를이 없었다.

나를 가장 잘 아는 이가 나라고 생각해 왔지만, 나 안에는 정작 남은 알고 있지만 내가 모르는 나가 있고, 특히 남도 나도 모르는 나가 크게 자리하고 있다. 이처럼 내가 몰랐던 나를 발견함으로써 나의 자존감을 회복하는 일이 어느 때보다 중요하게 여겨지고, 이는 글쓰기를 통해서 쉽게 구현될 수 있다.

우리 삶에서는 대부분이 드러내놓고 자랑할 만한 건 별로 없고, 감추고 싶거나 후회스런 일이 훨씬 많다. 비록 조명 받지 못하는 찌질이의 삶이었지만, 그 속에는 내 인생의 주인공으로서 한 시대의 질곡을 헤쳐 나왔던 역사적인 사건이 한둘이 아니다. 용하게도 숱한 고비를 이겨냈다. 열권의 소설로도 다 표현할 수 없는 삶이라고들 하지 않는가. 파노라마처럼 떠오르는 사연들이 글로 옮기려는 찰라 연기처럼 사라져버리는 것은 무슨 조화인가.

글쓰기는 특정인에게만 허용되던 재능이었다. 이제 컴퓨터가 일상생활의 편리한 도구가 되면서 누구나 글을 쓸 수 있는 시대가 되었다. 따라서 자서전이

유명인이나 성공인, 부자의 전유물로 여겨지던 시대는 끝났다.

세상에는 글만큼 잘 느는 것이 없다. 이제까지의 삶이 자산이고, 첫마디를 쓰고 나면, 말이 다음 말의 꼬리를 물고 이어져 나온다. 미주알고주알 밝혀야겠다는 부담을 가질 필요는 없다. 들추고 싶지 않다면 굳이 언급할 필요가 없다. 자랑하려거나 허물을 미화하지 말고 자신에게 진솔하게 접근하면 된다.

소크라테스의 아버지는 이름난 석수장이였다. 이미 돌 속에 사자가 있었고, 꺼내달라고 포효하는 그 음성을 듣고, 다치지 않게 꺼내주었을 뿐이었다. 우리의 가슴 속에도 꺼내 달라고 아우성치는 소리가 있다. 거기에 귀 기울인다면 분명 진정성 가득한 글을 쓸 수 있을 것이다.

출판물의 홍수 시대에, 결코 자랑스러울 것 없는 내 삶을 들추어 동네방네 나누는 것이 마음 편치 않을 수도 있다. 하지만 우리의 선조와 내가 어떻게 피땀을 흘리면서 오늘에 이르렀는지, 꼭 필요한 부수만큼 만들어 후손들에게 전하고 싶은 건 인지상정이리라. 무엇보다 그들은 내 이야기에 공감할 것이며, 못다 펼친 나의 삶을 한 층 업그레이드할 게 분명하다.

읽는 입장에서도 나의 아버지나 할아버지, 나와 잘 아는 친구의 책이니 더 읽고 싶다. 문장이 서툴더라도 작가가 미처 기록하지 못한 행간까지도 읽을 수 있다. 전문 작가에 의한 명문보다 따뜻한 체온에서 더 큰 감동을 느낀다. 보여주기 위한 글이 아니라, 진실로 남기고 싶은 진솔한 이야기에서 진정성이 고스란히 전달되기 때문이다.

인생2막을 준비하면서 삶을 돌아보는 이들이 많아졌다.

고생에 비해 성취한 것이 미약하여 무능한 인생을 살았다 여겨졌는데, 돌이켜보니 나 자신이 참 괜찮은 사람이었다는 것을 알게 된다. 아무도 나를 알아주지 않더라도, 나를 진정으로 이해하고 인정해주어야 할 '나 속의 나'를 만난다. 상처받지 않기 위해 세상과 거리를 두고 살았는데, 당당하지 못할 이유가 없다. 상처나 외로움에 대한 치유는 물론 나도 괜찮은 사람이었구나 하는 것을 깨닫는다.

무관의 제왕 소시민의 자서전이 빛나는 것은, 그 속에서 나 속의 또 다른 나, '그대'를 만날 수 있기 때문이리라.

무작정 나를 혹사시키면서 달려온 삶. 남을 즐겁게 해주려 애썼지만 나를 위해서는 정작 아무것도 하지 못했다. 이제까지 고개 한번 쳐든 적이 없는 나 속의 나, '그대'에게 화해의 악수를 청한다. '그대'를 위무하면서 내가 모르고 있었던 '그대'에게 상을 주고 싶다. 어느 훈장보다 값지고 큰 상, 그것은 내가 '그대'의 수고를 인정하고 위로하는 일이다.

IT 시대, 말에 갇히다

문자 메시지 전송은 스마트폰에서 빼놓을 수 없는 주요 기능이다. 외국인들이 이구동성으로 놀라는 것이 한국 학생들의 문자 전송 실력이다. 왼손과 오른손이 동시에 각각의 문자를 전송하는 사람도 있다 하니 믿기지 않는다. 문자 메시지 전송에 가장 효율적인 한글을 사용하는 덕분일 게다.

활자시대에 한글은 영어에 비해 필요한 자모의 숫자가 몇 천 배나 더 많아야 했다. 구텐베르크보다

200여 년이나 앞서 금속활자를 발명하고도 금속활자가 산업화나 대중화하지 못한 것은 풀어쓰기를 하는 영어에 비해 모아쓰기를 해야 하는 한글의 특성 때문이었다. 그래서 필자를 비롯한 몇몇 사람이 한글의 풀어쓰기에 관심을 보인 적이 있다. 세종대왕이 IT시대를 예견이라도 한 듯, 이 생각은 80년대 출판에서 컴퓨터가 도입되면서 자취를 감추었다.

'타슈'라는 말을 들으면 무슨 외래어인가 고개를 갸웃할 것이다. 이는 대전 시민들에게 대여하는 자전거를 일컫는 '타십시오'의 충청도 사투리이다. 영어식으로 발음하고, 영어식으로 들을 수 있다. 연회장에서 건배 제의자가 '소취하'를 선창하면 '당취평'으로 응답한다. '소주에 취하면 하루가 즐겁고, 당신에게 취하면 평생이 행복하다'는 뜻이다. 막걸리나 맥주이면 '막취하' 또는 '맥취하'로 중국어의 사성 발음을 활용하면 중국어로 들린다.

우리말은 어미의 다양한 변화와 발음에서 고저장단을 수용하면 세계 어느 나라의 말과도 조합 또는 그 나라의 말처럼 무한 변신할 수 있다. 그래서 한국어는 글로벌시대에 어느 언어권과도 어울릴 수 있는 각광받는 언어가 되기에 충분하다.

발음뿐만 아니라 표현이나 의미의 구성, 그리고 언어의 유희적 측면에서도 한글 또는 한국어의 위력은 대단하다. 한자에서 오는 뜻과 무한변화의 소리를 다 수용할 수 있어서, 한국어는 시적 운율을 살리면서 언어의 유희를 즐기기에 매우 적합한 언어이다.

은퇴 가장이 집에 있으면, 식사 준비를 해주어야 하는 부인들의 입장에서는 일거리가 늘어나기 마련이다. 그 부인들이 남편을 일컫는 말 중에 영식님이 있다. 일찍 집을 나섰다가 저녁 늦게 귀가하여 집에서는 한 끼의 식사도 하지 않는 남편을 두고 하는 말이다. 아침 한 끼 정도를 집에서 해결하는 사람은 일식씨, 두 끼 정도는 이식군, 삼시 세 끼를 다 집에서 해결하여 성가시게 하는 남편은 삼식놈이라 말한다.

웃지만, 무력한 은퇴 가장의 비애가 묻어난다. 영식님은 고마움에서, 삼식놈은 연민에서 나온 말이겠지만 말에는 주술적 기능이 있다. 전하고자 하는 의미가 유희에 있는 것이 아님에도 우리가 웃고 즐기는 가운데 은퇴가장들의 설 자리는 점점 좁아진다.

이런 유의 재미있는 말이나 그림이 하루에도 몇 차례나 카톡과 문자메시지로 퍼날라지고 있다. 대부분은 우리 시대의 조명 받지 못하는 어른들의 실상을 자조적으로 보여주고 있다. 며느리의 임신 소식을 들었을 때 태아보험 들어야 하고, 산후조리원 예약하고, 교육보험까지 들어야 한다고 한다. 이제까지 자식 뒷바라지에 등골이 휘었건만 어느 누가 만든 웃지못할 소리에 기가 죽어야 하다니. 며느리한테 기를 펴지 못하는 시어머니의 시리즈도 다양하다. 남 앞에서는 웃어도 정작 가슴 한편이 뜨끔하지 않을 이 있으랴. 웃자고 나누는 허언이면서 어느덧 우리 자신의 속살을 파고드는 가시가 아닌가.

지난 설에는 열매가 이듬해의 꽃과 서로 만나는

차나무의 실화상봉 연하장을 카톡으로 지인들에게 보냈더니 다음날 나의 이름을 뺀 연하장이 돌고 돌아 나에게 전달된 적이 있다. 스마트 시대 전달과 나눔의 속도를 실감한다.

영양괘각이란 말이 있다. 사냥꾼에게 쫓기던 영양이 자신의 뿔을 나뭇가지에 걸면 영양의 발자취를 쫓던 사냥꾼은 결국 영양을 놓치고 만다. 문학이나 예술에서 말이나 이론에 갇혀서 작가가 의도하는 바를 제대로 이해하지 못하는 경우를 이른다.

개구리가 냄비 안 미지근한 물에서 유영을 즐기다가, 서서히 온도가 올라가는 줄도 모르고 결국은 삶겨 죽는다. 속도의 시대, 말 속에 갇혀가는 우리가 미지근한 물 속 개구리와 무에 다르랴.

멋 vs 맛

멋있게 살려는 사람은 많으나, 정작 멋있는 사람은 드물다.

멋! 어원을 따지자면 맛의 이란성 쌍둥이쯤이 아닐까. 멋과 맛은 내용면에서는 물론 음운이나 문자에서도 절묘하게 대칭을 이룬다. 천칭의 양쪽 접시 중 한쪽에 멋을 올린다면, 다른 한쪽엔 맛이 올라가야 한다. 멋이 맛을 외면하면 빛을 잃는다. 맛이 생리에 맞춘 레시피에 근거한다면, 멋은 레시피를 뛰어넘는 파격이나 일탈에서 나온다. 그래서 멋있는 사람이 되고자 하는 이는 먼저 맛이 있어야 한다.

멋은 순간의 느낌이요 눈길이다.

우리 속담에 멋 찾다가 얼어 죽는다는 말이 있다. 눈길을 끌기 위해서는 멋스러워야 하는데 채비는 제대로 갖추지 않은 탓이다. 멋스러우면 눈길을 끄는 것은 자명하다. 그런데, 눈길을 끌면 멋스러운 것으로 착각하는 이들이 있나보다. 세월호 참사로 온 나라가 초상집 분위기인데도, 몰지각한 이들의 돌출발언이나 철부지 중학생들의 유언비어가 횡행하는 것은 시선부터 끌고 보겠다는 생각에서이다. 그것이 진정한 멋은 아니기에, 우리는 두세 번의 반복에서 그의 지저분한 맛을 파악하게 된다. 일시적 멋을 위하여 품격이라는 맛을 파는 이들을 보면 안타깝기 그지없다. 내로라하는 중견 정치인이나 지식인 들 중에서도 멋 찾다가 맛조차 잃어버려 실패하는 인생이 의외로 많다.

멋의 효력은 현장성에 있다. 사관생도가 잠시잠깐

모자를 비스듬히 썼을 때, 이를 멋으로 받아들이는 사람이 있나 하면, 불량스럽다고 여기는 사람도 있다. 또 어떤 경우에는 멋스럽고, 어느 경우에는 불량스러울 수도 있다. 멋은 특정한 경우, 특정인에게 유효하다고 하여 대다수에게 다 멋스러운 것은 아니다. 멋이 일시적인 데 비해 맛은 대부분의 경우, 대다수에게 지속적으로 유효하다.

멋은 사물의 포장과 같아 쉽게 드러난다. 훌륭한 포장이라고 내용물까지 우수한 것은 아니다. 멋으로 포장된 맛은 심미안으로 확인하여야 한다. 실제로 멋있다고 여기는 사람에게 평생을 약속하여 후회 속에서 사는 사람들을 본다. 드러난 멋에 현혹되어 잠재된 맛을 소홀히 읽은 탓이리라.

멋은 너의 영역이요, 맛은 나의 몫이다.

멋은 너의 눈에 비치는 나의 모습이다. 반면에 맛은 무언가로 채워야 할 나의 수련이다. 나의 맛을 가꾸지는 않고 너의 눈에만 들고자 한다면, 수많은 너를 만날 때마다 카멜레온으로 변신을 거듭해야 하니 삶이 어찌 고단하지 않으랴. 나의 맛이 숙성되고 흘러넘쳐 생긴 그 부산물이 멋이다. 맛으로부터 발효되지 않은 멋은 참멋이라 할 수 없다.

한때 안철수 현상이라는 새정치가 우리에게 큰 멋으로 다가왔다. 말잔치에 현혹되는 것은 아닌가, 반신반의하면서도 실체인 맛을 들여다보고자 사람들은 기대를 모았고, 그 반신반의는 여전히 지속되고 있다. 안철수는 새정치라는 실용신안을 브랜드화하는 데는 성공했다고 볼 수 있다.

이제, 안철수 의원이 새정치라의 '멋' 속에 포장해둔 '맛'을 보여줄 수 있는 절호의 기회가 왔다. 대선 예비후보로서의 멋, 무소속 국회의원으로서의 멋, 그리고 창당과 합당으로 이어지면서 그가 견지해온 새정치의 멋 속에 들어있는 맛의 실체가 수사가 아니었음을 보여주어야 한다.

가정해 본다. "대통령을 깎아내림으로써 얻게 될 반사이익에 기대지 않는다. 현실정치의 한 축으로서 대한민국호의 순항을 위해 기도한다. '나대신 대통령 직무를 수행하시느라 마음고생이 많습니다.'란 마음으로 대통령을 위로하고 돕는다."

그 또한 대통령이 되었을 때는 소속 정당의 대통령이 아니라 대한민국의 대통령이 될 수 있을 것이다.

간신히 불붙기 시작했던 나라경제가 세월호와 함께 침몰되어서는 안 된다. 세계가 주목하는 나라로 급성장한 대한민국은 어느 모로 보나 불가사의의 표본이다. 국제무대에서의 줄다리기가 어느 때보다 냉혹하다. 새정치가 안철수 의원만의 전유물은 아니다. 새정치, 새생각으로 나를 맛낸다면, 너에게는 충분히 멋으로 비치리라. 정치권은 물론 온 국민이 대한민국호의 순항을 위해 지혜를 모으는 멋을 보여줄 것을 기대한다.

문학인들이여, 분발하라!

지난 7월 2일, 피해자인 김복동, 길원옥 할머니를 비롯한 시민들이 서울 종로구 중학동 주한 일본대사관 앞에서 일본군 위안부 문제 해결을 위한 제1133차 정기 수요시위를 열고 일본정부의 공식 사죄를 거듭 촉구했다.

일본은 위안부 할머니들에게 사과는 커녕 오히려 왜곡을 일삼으면서 피해 당사자들의 아픔에는 전혀 관심을 보이지 않고 있다. 일본군 위안부에 대한 사과가 일본인은 나쁜 국민이라는 등식과는 무관함을 아베 총리를 비롯한 일본의 조야가 깨달았으면 좋겠다.

열악한 전장에서 풍토병이나 성병으로 죽은 사람들은 얼마나 많았겠는가. 강제 동원 위안부 20여만 명 중 237명이 등록되어 있다. 지난달에도 1명이 세상을 떠났으며, 현재 생존자는 50여 명에 불과하다. 이들 역시 천수를 다 하더라도 이 세상에서의 남은 기간이 그리 오래지 않다는 데 심각성이 있다.

일제의 잔학상이 문학작품이나 영화 등에서 많이 다루어져 왔음에도 위안부 문제나 강제 징용을 소재로 한 작품은 절대적으로 양이 많지 않다. 이는 피해 당사자들이 자신의 상처에 소금을 뿌리는 아픔을 되새김질하고 싶지 않다는 점과, 한국에서 터부시되는 성과 관련한 치부를 드러내고 싶지 않은 점, 그리고 악몽 같은 체험을 구체적으로 표현하기에는 배운 것도 가진 것도 없는 민초들이라는 점 때문일 것이다.

'2012 미스 인터내셔널'에서 우승을 차지했던 미

인 요시마쓰 이쿠미가 지난 3월 29일 미국 CBS 라디오 방송에 출연하여, "위안부는 매춘부였기 때문에 사과할 필요가 없다는 일부 일본 우익 인사들의 발언을 부끄럽게 생각하며 분노를 느낀다."는 소신을 밝혔다.

지난 1월 30일 열린 프랑스 앙굴렘 국제만화페스티발에서는 이현세 씨 등 한국측 작가들이 강제동원 일본군 위안부를 소재로 마련한 기획 전시회 '지지 않는 꽃'에 작품 20점을 출품하였다. 나흘 동안 관객 2만 명이 몰려 관람시간을 연장하였다. "16세 소녀를 일본군이 강제로 끌고 갔다는 게 사실이냐", "일본은 왜 잘못을 인정하지 않느냐"는 관객들의 반응이 빗발쳤다고 한다. 이 축제의 예산 30% 정도를 후원하고 있는 일본 측의 온갖 방해에도 불구하고 참상을 알리는 데 큰 성과를 거두었다.

나라를 위해 몸 바친다는 의미의 정신대란 표현 대신 현재 한국에서의 공식명칭은 '일본군 위안부'이다. 유엔인권위원회에서는 일제의 '일본군 성노예'

라는 표현을 사용한다.

국내에서는 초등학생들도 다 아는 일본군 위안부 문제가 외국에는 거의 알려져 있지 않다. 위안부 참상을 접하는 외국인들은 '설마?'하며 경악을 금치 못하고 있다. 'Story of a comfort girl (정신대 소녀의 이야기)'를 낸 바 있는 로저 루딕(미 LA 거주, 프리렌서 기자)은 이들의 참상이 유대인 학살만큼이나 잔인했다고 치를 떨었다.

베스트셀러가 되기 위해서는 Theme, Target, Timing의 3T를 갖추어야 한다. 일본군 위안부에 대한 범죄행위는 비록 Timing을 놓치긴 했지만 반인륜적 행위를 척결하는 것이 인류평화를 위한 공동의 선이기에, 이에 대한 작품은 세계적 베스트셀러의 가능성을 열어두고 있다.

'안네의 일기'가 1952년 일본어로 번역되어 이듬해 일본에서 베스트셀러가 되었다. 전쟁수행에서 나찌나 일제는 서로 양보할 수 없을 만큼 큰 반인륜적 패륜을 저질렀음에도 당시 일본 젊은이들은 전쟁의

참혹함을 경험해 보았기에 크게 공감했다. 이 무렵에 위안부 문제의 소설이 나왔더라면 '안네의 일기' 못지않게, 일본뿐만 아니라 전 세계에서 반향을 불러일으켰을 것이다.

거대집단의 극단적 비이성적인 폭행도, 이에 맞서는 보편적 정의도 인간이 가진 한 단면이라는 것을 보여주는 것이 문학이다. 시간이 지나면서 '내가 무엇을 잘못했어!' 고개를 쳐드는 일본 극우주의자들을 보면서 우리의 지식인, 작가들은 무엇을 했는가 자문해본다.

지난 4월, 프랑크푸르트 도서전과 함께 세계 양대 북페어로 손꼽히는 런던도서전에서 한국은 마켓 포커스국(주빈국)으로 참가하여 한국의 출판과 문학이 국제무대에서 크게 조명을 받은 바 있다. 그러나 한국 문학계와 출판계가 나아가야 할 길은 아직 멀기만 하다.

세계 도처에서 한류의 바람을 타고 한국의 음악이 공연되고 있는데 반해 문학의 날개는 움츠러든

채 아직 펼쳐질 기미가 보이지 않는다.

문학인들이여, 분발하시라!

토종에 눈 돌리자

저녁 늦은 시간이 되어서야 미국 선교사가 고비 사막 지역 마을에 도착했다. 그는 자신의 부임을 환영하기 위해 모인 마을 사람들과 식사를 끝내고 이런저런 이야기를 하다가 피곤하여 이내 잠에 곯아떨어졌다. 두런두런 사람들의 이야기 소리에 잠을 깨니 벌써 동창이 붐하게 밝아오고 있었다. 마을 사람들은 수 년 만에 비가 와서 잠 잘 생각을 아니하고, 밤새 비를 즐기며 이야기를 나누고 있다고 했다.

선교사가 밖을 내다보니 자기가 도착했을 때 누렇던 모래땅이 새파랗게 변해 있었다. 땅을 간신히 적시는 정도의 세우에 몇 년 동안 모래더미에 묻혀 있던 온갖 씨앗들이 고개를 내민 것이다. 열시쯤 되어 더 큰 장관을 이루었으니, 여기저기 빨간색 노란색 보라색 꽃이 대지를 덮었다. 몇 시간이 지나니 꽃들은 저마다 열매를 맺었고, 저녁 무렵에는 고개를 떨구었다.

수 년 동안 모래 속에서 기다리던 씨앗이 수분을 만나 싹을 틔우고, 꽃 피우고, 벌이나 나비가 있을 리 만무한 사막에서 열매를 맺어 하루 안에 한 살이를 완성했던 것이다.

아동문학가 J여사가 첫 부임지 학교 도서실에서 『고비사막의 비밀』이란 책을 읽고 나에게 들려준 이야기다.

세상에 적응하여 살아남으려는 생명체들의 생존 전략은 참으로 경이롭다. 한 종이 같은 환경 안에서 가장 합리적으로 적응하면서 생존과 종족의 번식을 도모하려고 누대에 걸쳐 유전인자를 바꾸어 간다. 이러한 진화는 어떤 환경에서도 끊임없이 이루어지고 있는 셈이다.

한국의 붕어는 끈질긴 생명력을 지닌 담수어가 아니다. 그 붕어가 어떤 경로로 미주 지역에 흘러들어 현지 담수어들의 생태를 교란시키고 있다는 이야기를 들은 적이 있다. 민들레는 저들끼리 무리를 지어 있을 때는 적당히 하늘 향해 팔을 벌리고 있으면서도, 잔디밭에 홀로 떨어지면 잎이 바닥에 착 달라붙어 잔디를 덮어 버린다. 붕어나 민들레의 세계도 들여다보면, 제 땅에서는 연약하지만 타지에서는 살아남기 위해 피나는 노력을 마다않는 인간세계와 크게 다르지 않은 것 같다. 이들 또한 같은 환경에서 몇 세대를 거친다면 유전인자의 변화가 일어날 것은 자명한 일이다.

옛날의 농부들은 수확한 농작물 중에서 가장 실한 것을 다음해의 종자로 남겨 두었다. 그 수확물은 다른 잡초와 질병, 벌레들과의 싸움에서 살아남은 가장 강인한 것이었기 때문이다. 그 종자에는 가장 확실한 저항력이 잠재되어 있고, 거기에서 발아한 식물 또한 더 우수한 수확을 도모할 것이다.

그런데 오늘날은 수확의 극대화 탓에 종자는 종묘사를 통하여 구입한다. 유전공학에 힘입은 첨단지식에 힘입었지만 제한된 조건의 실험 공간에서 자란 모체로부터 수확한 종자이다. 주어진 자연환경에 맞추어 적응하고, 생존하기 위해 스스로 전략을 세워 본 적이 없는 우수한 1세대 교잡종으로서 우량한 수확물을 거둘 수는 있겠지만, 그 수확물을 씨앗으로 하여 이듬해 농사를 하면 번번이 실패를 하는 것은 물론 싹도 틔우지 못하는 경우조차 있다.

청소년들의 키가 선진국 청소년들처럼 괄목하게 성장하였지만 마냥 기뻐할 일만은 아니다. 인공사료에 첨가된 성장촉진제나 항생제의 영향도 무시할 수 없다. 그래서 부유층에서는 무농약 친환경 야채 등을 선호한다. 하지만 이 역시 대낮처럼 전깃불을 밝힌 비닐하우스에서 속성으로 길러낸 것이다. 자야

할 시간에 잠을 자지 못해 스트레스 받은 채소가 우리 몸에 좋은 면역체계를 가져다줄 리 만무하다. 과학기술이 동식물의 적응과 진화를 저해하고, 종국에는 우리의 면역체계를 더욱 약화시켜 인류를 파멸로 내몰지도 모른다.

토종이 점차 사라지고 있어 안타깝다. 적응과 진화를 거듭한 결실, 토종에 눈을 돌려야 할 때이다. 첨단으로 치닫는 과학영농 시대에 루소의 '자연으로 돌아가라'를 떠올린다면 생뚱맞은 생각일까?

반편

내 손엔 반쪽짜리 나무가 들려 있다.

엄지손가락보다 조금 더 굵은, 곧게 뻗은 소나무이다. 주말주택 정원을 약간 벗어난 야산의 비탈에서 얻은 것이다. 대패로 민 것처럼은 아니지만 톱으로 켠 듯 한쪽이 납작하게 기둥을 따라 갈라진 반쪽이다.

푸른 기상이 감도는 그 나무를 아무 조건 없이 그녀의 손에 덥석 쥐어주었다. 멈칫 하던 그녀가 받아들었다. 후회가 밀려온 것은 순간이었다. 지금은 우리의 키 정도를 간신히 넘기고 있지만 크게 자라서 명물이 되어 몸값을 높일 것이다. 내 생각이 왜 거기에 머물렀을까.

마음이 심란하니 몸도 갈팡질팡이다. 준다고 받아든 그녀가 야속하다. 앉았다 일어섰다를 반복한다. 27년 전 담배 끊은 것을 처음으로 후회한다. 손을 쥐락펴락한다. 아직은 부실한 나무가 온전히 뿌리를 내릴 수 있을까. 연민이 없진 않다. 훗날 거목이 되어 있을 때는 이미 나란 존재는 잊혀져 있을 것이다. 실현되지 않은 미래가치에 나는 더 연연하고 있다.

나의 나무로 머물 때는 수많은 나무 중 하나였다. 곧게 뻗지 않았더라면 눈길조차 주지 않았을 것이다. 마당을 나서는 그녀의 어깨 위에서 그 나무는 보란 듯이 흔들흔들 푸른빛을 뿌리고 있다. 일급 시각장애자라도 단박에 알아 볼 수 있으리라.

이제까지 반푼이 내가 내 눈을 찌른 것이 어디 한두 번이던가. 딴에는 큰마음 먹고 선심 쓴다고 쓴 게 또 독박이다. 생각해보라. 가꾸어서 크게 자라지 않을 나무가 어디 있으랴. 반쪽이어서 더 찬사를 받을 나무, 푸른색이 아니라 푸른빛의 솔잎이어서 뭇사람들에게 더 눈부시리라.

멀어져가는 그 나무는 관심 주지 않았던 나의 분신이다. 속이 뒤틀린다. 그윽하게 흩뿌리고 간 나무의 내음을 따라 달리고 달렸다. 마침내 나무는 소실점 속으로 빨려 들어갔고, 목구멍까지 차오른 비명은 끝내 삼켜야 했다.

되돌아오는 포기의 발걸음은 느리고 무거웠다.

아, 나무가 떠난 그 자리에 또 반쪽나무가 푸른빛을 뿜고 있다니! 선명한 꿈이었다.

스마트 시대

대학가 레스토랑에 네 명의 학생들이 들어선다. 전망 좋은 곳을 제쳐두고 구석 쪽에 자리를 잡는다. 다가온 웨이터에게 무언가 주문을 내고는 잠시 이야기를 나누는 듯하더니 그들은 이내 손에 든 폰에 빠졌는지 말 한마디 없이 조용하다. 잠시 후 주문한 음료가 나온다. 그제야 그들은 폰에서 빠져나와 왁자해진다. 잔을 비우기가 무섭게 그들은 자리를 뜬다.

그들이 레스토랑에 들른 것은 단지 차 한 잔을 마시기 위해서만은 아니다. 얼핏 보기에 모두 폰에 익사한 것 같았지만, 그들은 그룹 채팅으로 중요 회의를 한 것이었다. 마주 앉아 있어도 일상 언어보다 간편한 채팅어를 사용하는 것이 주제에서 벗어날 위험도 낮고 오히려 신속정확하게 회의를 마칠 수 있다고 한다.

벨이 전화기를 발명한 이래 130여 년이 지나면서 전화는 진화를 거듭하여 무선통신의 시대를 열었다. 문자메시지의 송수신, 시계, 계산기, 녹음기, 카메라 기능이 추가되면서 그 변신은 속도를 더하였으며, 아직도 무한 변신은 계속 중이다. 스마트폰은 외국어의 번역 및 통역은 물론 라디오 및 TV의 수신, 동영상 촬영을 통한 뉴스 제보, 인터넷, 금융거래와 대금 결재 등 사용자에 따라서는 그 기능이 무궁무진하다.

등산 중 깊은 산골짜기에서 해는 떨어지고, 길을 잃었다면 우리는 당황하기 쉽다. 그러나 후레쉬 어플리케이션을 다운받아 길을 찾을 수 있으며 불빛으로 웬만한 짐승을 쫓을 수도 있다. 또 현재의 위치를 파악하여 조난신호를 보내기도 한다. 필기구를 갖고 있지 않을 때는 메모장 기능을 사용할 수도 있고, 내용이 많거나 그림이 있을 때는 아예 카메라로 촬영하는 방법도 있다. 이 외에도 나침반, 수준계 등 사용자가 원하는 기능은 무엇이든 검색하여 해법을 찾을 수 있다.

언제 어디서나 인터넷 검색이 가능하기에 스마트폰은 손 안의 도깨비방망이로 손색이 없다. 장기간 여행 중일 때는 도서관에 접속, 전자책을 대출하여 보다 체계적인 지식에 접근할 수도 있다. 열차표나 공연 입장권 등 각종 예매 기능은 이미 널리 이용되고 있다.

검색하라, 그러면 해법을 찾으리라. 일단 궁금해하고, 이런 기능도 있겠지, 상상하면서 스마트폰을 뒤적인다면 그는 해법을 찾는다. 이런 편의성에 힘입어 국내 인구 약 80%의 손에 스마트폰이 들려져 있다.

가끔 길을 가다보면 계단에 혼자 앉아 키득키득 웃는 사람들을 볼 수 있다. 스마트폰을 들여다보고 있는 사람들이다. 이렇게 혼자 노는 데는 아이 어른 가릴 것 없이 스마트폰만 한 것이 없다.

스마트 개념은 폰에만 국한되는 게 아니다. TV도 인터넷이나 어플리케이션을 탑재하여 원하는 시간대에 원하는 방송을 보는 등 사용자 위주로 편의성을 도모하고 있다. 자동차 역시 스마트 개념이 도입되고 있다. 음주 운전자의 눈동자 상태에 따라 아예 시동이 걸리지 않게 한다든가, 무인 운전 등 사람이 상상할 수 있는 것은 모두 적용하여 스마트 자동차로 변신하고 있다. 앞으로 많은 제품이 스마트란 관형사를 달 게 뻔하다.

지난 추석 때 오랜만에 가족이 모였지만 그들 앞에 놓인 시간을 감당할 수 없어서 많은 사람들이 TV를 시청하거나, 스마트폰을 만지작거리면서 시간을 보냈다. 만났을 때의 기쁨은 잠시이고 기기가 더 편하다고 느껴서이다. 얼굴을 대한다는 것은 상대를 배려해야 한다는 것, 그 부담을 덜고자 문자 메시지를 선호하는지도 모른다. 기기에 더 우호적이라면 대화의 즐거움은 느껴볼 수가 없으며, 당연히 소통의 기회는 줄어들 것이다.

면대면 대화만큼 효율적인 커뮤니케이션 방법은 없다. 귀가 둘이고, 입보다 위쪽에 자리한 것은 내 말은 줄이고 상대의 말을 존중하라는 조물주의 뜻이 아니겠는가. 대화의 기술, 설득의 기술은 말하는 데 있는 게 아니라, 듣는 데 있음을 웅변하고 있다. 듣는다는[聽] 게 무엇인가. 귀를 왕으로 하고 열 개의 눈으로 긍정의 요소를 찾으면서 한 마음으로 들어라 하지 않는가!

며칠 전 대통령과 야당 대표의 영수회담에서 커뮤니케이션 문명은 이미 스마트 시대에 깊숙이 진입해 있으나 커뮤니케이션 문화는 오히려 크게 퇴화하고 있음을 느끼기에 충분했다. 나라의 지도자라는 그 두 분의 자리를 보면서 안타까워하는 사람은 많았지만, 정작 우리 삶의 구석구석에서 일고 있는 균열을 느끼는 사람은 거의 없었다.

붕어빵에 붕어 없듯, 스마트 시대에 스마트한 사람이 없다니!

포 아웃사이더즈

아웃사이더, 그 외롭고 서러운 마음을 누가 모르랴.

점심식사를 위해 만난 세 귀부인은 세시가 넘어서야 자리에서 일어났다. 그들은 약속이나 한 듯 먼저 화장실로 직행했다. 그 동안 요기를 느끼지 않은 것은 아니지만 둘을 남기고 자리를 뜰 수가 없었다. 자신의 흉을 볼까 저어되었기 때문이다. 이유야 어떠하든 흩어지지 않는 게 삼총사다. 물론 웃자고 한 이야기지만, 삼총사는 어떤 난관에도 하나가 물러서는 일이 없다. 특히 대항해야할 상대가 있을 때 그들의 결속력은 상상을 초월한다.

삼각형은 가장 안정적인 도형이다. 힘을 받아야 하는 구조물에는 항용 수많은 삼각형이 들어 있다. 삼각형이 유지되는 한 아무리 강한 외부적 힘을 받아도 변형이 되지 않는 유일한 도형이기 때문이다. 영웅들의 이야기에 등장하는 삼총사의 우정과 사랑, 그리고 그들의 지혜 역시 어떤 외부적 힘으로도 갈라놓을 수가 없는 것은 삼각형의 결속력과 무관하지 않을 것이다.

삼총사끼리야 돈독한 유대감으로 늘 뿌듯하겠지만 거기에 끼지 못할 때 그 서러움은 느껴보지 않은 이는 모를 것이다. 삼총사가 티를 내지 않고, 같은 공간에서 함께 뒹굴고, 한 식탁에 둘러앉아도 삼총사에서 빠진 아웃사이더는 늘 외롭다. 때론 그 결속력에 흠집을 내어볼까 시도를 해보지만 어림도 없다. 어디 달리 삼총사이겠는가.

우리 집에는 아웃사이더 넷이 한 지붕 아래 살고 있다.

그 첫 번째 아웃사이더가 나이다. 나는 한 집안의 가장으로서 아내와 아들, 딸을 위하여 돈을 벌어들인다. 나는 공급자, 그들은 소비자이다. 이들 소비 삼총사는 내가 그들 사이에 비집고 들어갈 틈을 허용하지 않는다. 돈 가뭄에 대한 해갈의 창구가 나이기에 그들은 나를 별도로 따돌리지는 않지만 나는 아웃사이더를 자처하며 고뇌를 충분히 곱씹고 있다. 흠뻑 적셔줄 그 날이 좀체 오지 않지만, 이들은 자신들을 완전히 시들지 않게 한 것에 대해 나의 가슴에 작은 훈장 하나 달아주고 있다. 아웃사이더로서의 끝이 희미하게나마 보이는 듯하다가도 때론 더욱 아득히 느껴질 때가 있다.

그 두 번째 아웃사이더는 아내이다. 우리 집안의 주장이다. 장가 집안을 떠받치는 한 축을 이루고 있으나 장가가 아니다. 나와 피를 섞어 아들 딸을 두었지만 어느 한쪽에게도 자신의 성을 물려주지 못했다. 새벽공기를 가르며 하루를 열고, 밤늦게야 자리에 드는 동안 손에는 물마를 겨를이 없다. 때론 장가들 몰래 딴 주머니를 차도 이 또한 다 장가 밑으로 들어간다. 가련한 여인 김해김씨는 장가들을 위한 희생양이다.

그 세 번째가 아들이다. 우리 집안을 떠받칠 대들보이다. 독립심을 기른다고 우리 부부는 일찍부터 그를 자신만의 방으로 내몰았다. 베개를 들고 우리의 방문 앞에서 서성이던 아들에게 여동생은 얼마나 부러운 존재였을까. 때가 되면 다 홀로 서는 게 인생인데 우리는 일찍부터 그의 등을 떠밀었다. 아비와 어미의 눈엔 아직 어린 존재이지만, 우리 부부가 세상을 읽는 데 뒤처지지 않도록 신선한 렌즈를 갖다 주기도 한다. 은연중에 집안 걱정을 하는 것을 보면 안쓰러울 때가 있다.

그 네 번째가 딸이다. 우리 부부가 아무리 내놓고 사랑을 표현해도 언젠가는 떠나야 할 출가외인이다. 아빠와 결혼하겠다는 말을 입에 달고 살았지만 제

짝을 찾아 낯선 땅에서 뿌리 내려야 한다. 제 어미처럼 피도 살도 섞이지 않은 다른 집안에 뼈를 묻어야 한다. 나 장틀러에게 대놓고 반기를 드는 것도, 다른 식구들의 대변인 노릇도 이 녀석의 몫이었다. 강산이 세 번이나 바뀔 긴 세월 동안 혈육의 정을 쌓았지만 이쁜 도둑이 되어 둥지를 떠날 것이다.

네 삼총사와 네 아웃사이더.

아웃사이더가 삼총사의 벽을 어떻게 허물 수 있으랴. 아웃사이더가 있어서 삼총사가 더 큰 결속력으로 뭉치듯, 아웃사이더 또한 삼총사가 이루는 견고한 삼각형 위에서 담금질을 완성하고, 삼총사가 결코 넘볼 수 없는 꼭짓점이 된다. 삼각뿔이다. 꼭짓점이 있어 세상에서 가장 힘 있는 입방체, 정사면체가 탄생되는 것이다.

영원한 아웃사이더는 없다. 여기서는 조연에 불과하더라도 돌아서면 어깨동무 삼총사! 삼총사를 빛나게 하는, 세상의 아웃사이더들에게 박수를 보낸다.

퍼져라, 애 볼라 바이러스

WHO에 의하면 기니, 라이베리아, 시에라리온 등 3개국에서 지난 6개월간 1,800여 명이 에볼라 바이러스에 감염되어 이미 1,000여 명이 희생되었고, 100여 명의 의료진마저 감염되어 그 절반이 목숨을 잃었다. 에볼라 바이러스는 1967년 독일의 미생물학자 마버그가 콩고의 에볼라강에서 처음 발견하였다. 감염자 중 많게는 90% 가까이가 단기간 죽음에 이르게 하는 공포의 바이러스로 알려져 있다.

에볼라 못지않게 우리에게도 겁나는 것이 있으니 '애 볼라'이다.

아이 보는 앞에서는 찬물도 마시지 못한다는 말이 있다. 아이는 어른의 권위를 선망하기에 어른의 말 한 마디나 일거수일투족을 분별없이 받아들이고, 자신도 빨리 어른이 되고 싶어 한다.

점잖은 사람들의 모임에서 있었던 일이다. 유사를 맡은 이가 좌중을 향하여 성인샵에 가본 적이 있느냐고 물었다. 뜬금없는 질문에 '나는 가본 적이 없지만 혹시나 ……?' 하는 마음으로 좌중의 얼굴들을 하나하나 훑어보았다. 약속이나 한 듯 모두가 나와 같은 표정이었다.

그의 얼굴에 야릇한 웃음이 일었다.

"저도, 우리 가운데도 성인은 없나봅니다."

"?"

"아니, 웃자고 한 이야기입니다. 보세요. 여기에도 성인은 없잖아요."

(모두 얼떨) 그는 정색을 하더니, 어른이 없으니

세상이 시끄럽고, 위아래도 없이 사람들이 날뛴다고 일갈했다. 나이 먹을 만큼 먹고, 갖출 만큼 다 갖추었으면서도 어른 노릇하는 이가 없어 안타깝다고 했다.

어른들이 옆을 지나쳐도 중고등 학생들이 버젓이 담배를 피우고, 심지어는 담뱃불까지 빌리겠다는 망나니들도 있다. 또 이를 보고도 타이르는 어른이 없다. 봄엔 중년 가장이 학생들의 일탈행위를 나무라다가 집단폭행을 당하여 황천길을 재촉하였다.

우리 집에서 제대로 가르치지 못한 자식, 우리 학교에서 잘 지도하지 못한 학생 들을 그가 나서서 훈계하다가 날벼락을 맞았다. 부모와 교사, 인생 선배들이 책임을 통감해야 할 그 자리에서 누군가는 나서야 하기에 그는 우리를 대신하여 아이들을 훈계하였고, 마침내 철없이 날뛰는 아이들에게 몰매를 맞았던 것이다.

그 가족들의 비통한 눈물이 마르기도 전에 우리는 그런 일이 있었던가 하면서 망각의 시대를 산다.

그의 빈소를 대통령이 찾고, 장차관이 줄을 이었어야 했다. 그 의로운 죽음을 안타까워하면서 세월호의 경우처럼 중요도시에 빈소가 마련되고, 학생들과 뜻있는 사회지도층 인사들이 분향을 했었더라면 이 시대의 젊은이들이 어른을 보는 시선은 많이 달라졌을 것이다

어른이 권위적이지는 않더라도 그의 권위는 살아 있어야 한다. 어른의 권위는 어른에게서 나온다.

여당 대표가 "치가 떨린다!" 운운하며 70만 국군의 사령탑인 국방장관에게 책상을 치며 모욕적 언사로 호통을 치자 언론은 박수를 보냈다. 문제 병사의 책임선상을 거슬러 올라가자면 분대장, 소대장, 중대장, 대대장, 연대장, 사단장, 군단장, 군사령관, 참모총장, 국방장관까지 무려 10개의 계단이 있다. 함께 뒹굴었을 책임선상은 안중에도 없고, 최고 어른에게 호통을 치자는 심리기저는 무엇인지 궁금하다. 그 장면을 지켜보면서 내가 수모를 당하는 것처럼 온몸이 움츠러들었다.

국회의원들의 거침없는 언행, 그 자리에서 쥐구멍이라도 찾지 못해 안절부절 못하는 장관이나 후보자들, 언론의 행태를 보면서 나는 윤모 일병에게 뱉은 가래침을 핥게 하는 선임병들의 잔혹한 가혹행위를 떠올린다. 해당 분야의 최고 어른조차 궁지로 몰 수 있다면 괴롭혀도 되는가. 특히 집단적일 때는 죄의식조차 그만큼 희석된다고 여겨 이성이 마비되어 은근히 즐기기까지 한다.

어른 흔들기는 야당 내에서도 다르지 않다. 한시적으로 국민공감혁신위원장으로 추대한 것은 종전보다 훨씬 큰 권위를 주고, 그의 결정에 따르겠다는 묵시적 합의였다. 박영선 흔들기 역시 내 앞의 어른, 그의 권위를 인정하려들지 않는 우리의 의식수준과 크게 다르지 않다.

내가 어른을 대우할 때, 때가 되면 나 역시 어른 대접을 받으리라. '애 볼라.' 어른 함부로 흔들지 마세.

탁란의 시대

P군은 대학에서 두어 과목은 아주 뛰어난 성적을 거두었지만 나머지 과목은 겨우 과락을 면할 정도이다. 반면 M군은 전 과목의 성적이 고르게 B 또는 C 학점을 유지한다. 취업의 기회나 성공의 가능성은 누구에게 유리할까. 특기를 가진 사람이 아무래도 발탁의 기회를 쉽게 잡을 것이다. 거대한 조직 사회가 굴러가는 데는 사람도 하나의 부품에 지나지 않을 수 있기 때문이다.

생산의 효율을 높이기 위해서는 전체를 아우르는 자급자족보다 숙련된 기능에 의한 분업이 요구된다. 그리고 분업이 지속되기 위해서는 분업의 주체들이 서로서로 소비를 일으켜야 한다. 소비가 생산을 촉진하고, 생산은 소비를 유발하는 순환 고리가 숨 가쁘게 돌아갈 때 그 사회는 경제성장 속도가 빨라진다. 소비의 대상 가운데는 상품과 같은 재화는 물론 용역이나 서비스도 포함된다. 소비가 미덕으로 받아들여지는 연유이다.

생산과 소비를 위해서는 종자돈이 필요하다. 경제개발기에는 나라가 근검절약과 저축을 권장했고, 해마다 기관마다 저축왕을 선발하여 시상하기도 했다. IMF로 소비가 위축되었을 때는 정부가 나서서 신용카드 가입을 유도한 적이 있다. 소비가 공적인 경제를 성장시키는 촉진제 역할을 하기 때문이다.

빌 게이츠는 윈도우 프로그램을 개발한 후, 돈 모아 컴퓨터 회사를 차려야겠다고 결심한 것이 아니라 IBM에 자신의 소프트웨어를 탑재하였다. 빼꾸기가 탁란을 하듯 자신의 능력 밖 일을 아웃소싱으로 해결했다.

돈 모아서 무언가 하는 시대는 지나갔다. 창업 아이템이 있어도 돈 모일 때까지 마냥 붙들고 있다가는 기회를 잃거나, 시간이 지나 무용지물이 되기 쉽다. 다양한 금융상품과 렌탈제도가 소비를 부추긴다. 이는 좋게 말하면 우리의 탁란 활동을 도우려 하는 것이다.

언젠가부터 소유보다는 건전한 소비로서의 향유 쪽으로 관심이 쏠리고 있다. 끝을 모르는 소유욕을 만족시키려 허리띠를 졸라매다 보면 좋은 시절은 다 가버린다. 더구나 지금 가진 게 없어도 손가락 빨지 않는 세상이 되었다. 외상이면 소도 잡아먹는다지 않는가. 빌림 제도를 활용하여, 내 앞의 순간을 놓치지 않고 현재의 소비생활을 즐기려는 카르페디엠을 추구하는 것은 현명한 일인지도 모른다.

현대인들은 무언가 소비하지 않으면 불안해하는 소비중독에 이미 길들여져 있다. 청소부를 하더라도 손톱관리를 남에게 맡긴다. 알바를 전전하면서도 아이 돌잔치는 호텔에서 해야 한다. 한 달 뼈 빠지게 일해서 번 돈을 아이의 과외비나 양육비로 날린다.

소비의 순간은 짧지만 누림의 달콤함 때문에 길고도 험난한 노동의 시간으로 내몰려서는 개같이 번 돈을 아낌없이 쓴다. 정작 내가 해도 될 일조차 남의 손을 빌린다.

"야 이 개자슥들아, 학생들을 그렇게밖에 못 가르치나!"

수 년 전 고등학교 숙직실 전화기를 타고 흘러나왔던 건장한 남자의 목소리이다. 수화기를 통해 시큼한 술기운이 당장이라도 숙직교사인 내 친구의 얼굴을 덮칠 것 같았다. 교사는 자초지종을 몰라 어리둥절하여 최대한 공손하게 응대하며 사내를 달랬다. 아직 분이 풀리지 않았는지 사내는 어찌 자식이 아비에게 입에 담지 못할 욕설로, 삿대질로 덤빌 수 있느냐고 씩씩거렸다. 전적으로 아들 교육을 제대로 못시킨 선생님들의 책임이라면서 주정을 해댔다. 자존심에 상처를 입은 친구는 미련 없이 명퇴를 신청하였다.

자식을 제대로 가르칠 수 없어 뻐꾸기처럼 탁란을 한 당위성은 기억했지만, 그는 뻐꾸기가 새끼에게 자신이 어미임을 가르치고자 시도 때도 없이 목메어 울었다는 사실을 간과하고 있었다. 그 소리에서 은혜조차 모르는 내 새끼를 키워준 대리모를 향한 감사의 마음이라도 읽을 수 있었으면 더 좋았으리라.

청록파 시인 조지훈의 고향 영양 주실에는 한양 조씨들이 400년 가까이 세거해왔다. 그들의 가훈 삼불차三不借를 생각해본다. 항산을 마련하여 남에게 재물을 빌리지 않겠다는 재불차財不借, 선비로서 다른 집안의 글을 빌리지 않겠다는 문불차文不借, 그리고 사람을 빌리고자 아쉬운 소리 하지 않겠다는 인불차人不借가 그것이다.

소유보다 빌림을 통한 향유의 시대.

빌리지 않음에도 내가 나에게 주인이 되어야 하

거늘, 하물며 빌림에 있어서야 무엇하랴. 삼불차의 의미를 되새기면서 내 삶에서 수많은 아웃소싱들이 과연 유용한 탁란인지, 아니면 중독에 따른 일인지 가늠할 일이다.

맛난 만남, 상화와 죽순

만남은 맛남이다. 누구와 누구가 만나느냐, 만나서 어떤 일을 도모하느냐에 따라 그 맛은 달라지기 마련이다.

낭만 가득한 서정시인이자, 서슬 퍼런 일제치하에서 분연히 저항시 「빼앗긴 들에도 봄은 오는가」를 발표한 민족시인 이상화! 광복 후 여전히 암울한 이 땅에 문화예술의 꽃을 피우고자 한국문단 최초의 시 전문지를 간행한 석우 이윤수가 이끄는 죽순시인구락부. 양자의 만남은 결코 비범한 일이 아니었다. 상화가 살아서 죽순을 만났더라면 한국문단도 죽순도 현재와는 분명 다른 맛을 풍겼을 것이다.

상화와 죽순의 역사적인 만남은 1948년 3월 14일로 거슬러 올라간다. 김소운과 죽순시인구락부 석우 이윤수가 중심이 되어 달성공원에 상화시인의 시비 <나의 침실로>가 세워진 날이다. 한국문단 최초의 시비, 한국문단 최초의 시전문지 ≪竹筍≫이 범문단적 조명을 받은 것은 당연하다 하겠다. 이 시비 건립을 계기로 '죽순'은 상화, '상화'는 죽순이라는 인연의 등식이 오늘날까지 이어져 오는 것이다.

죽순의 창립자 석우 이윤수 선생, 윤장근 명예회장의 시대는 물론 오늘에 이르기까지 세상에서 묻히거나 잊혀질 뻔한 상화와 관련한 자료들이 속속 발굴되고 정리된다. 기관단체의 도움이 전무하던 시절 석우의 집념과 사재출연, 그리고 십시일반의 후원금으로 상화시인상을 제정하여 1986년 3월 15일 제1회 상화시인상을 이설주 시인에게 수여하였다. 이후 한

해도 거르지 않고 매년 시상되어 오던 이 상은 24회(2009)부터는 이상화 선생의 시업과 저항정신을 더 크게 현창하고자 이상화기념사업회에 이관되어 30회(2015) 시상을 앞두고 있다.

또한 '죽순'은 상화백일장을 통하여 문학청년들에게 문학의 길을 열어주었다. 상화백일장 또는 죽순신인상을 거쳐 이영철('81) 김재진('82) 이성관('84) 이종오('84) 홍정숙('84) 손재중('85) 안의선('85) 정화식('86) 김세현('88) 조예근('88) 임병기('89) 허남기('90) 김소운('91) 김황희('91) 박숙이('92) 윤한걸('92) 이종백('93) 김창제('93) 윤희순('07) 정병률('07) 등의 작가들이 문단에 배출되었다. 이들은 앞서 죽순을 통해 문단에 데뷔한 이영도('45) 김요섭(48) 김춘수('48) 윤근필('47) 최계락('49) 천상병('49) 이명자('49) 제씨에 이어 지금은 중견 이상의 작가로 우리 문단을 빛내고 있다. 이는 상화와 죽순의 만남이 낳은 맛난 만남이라 하겠다.

죽순시인구락부에서 죽순문학회로 문패가 바뀌

고, 이상화시인상을 이상화기념사회에 내주었지만 죽순문학회원들은 일찍이 이상화 선생의 시업과 일제에 항거한 맑은 시정신을 세상에 알리기 위해 밭갈고, 씨 뿌린 일에 긍지를 느낀다. 또 상화란 브랜드가 '대구를 넘어 세계의 상화'가 될 날을 고대하고 있다.

'나'

각광과 갈채.

언감생심, 나로서는 다가설 수 없다. 노래 부르고, 춤춰야 할 자리에서도 '나'는 이미 미아다. '나'를 필요로 할 때, '나'는 언제고 종적을 감춰버린다. 백방으로 찾아 나서지만 '나'는 어디에도 없다. 세종대왕도 부러워할 진수성찬 마다하고, 목로주점 가스등불 아래서 못난 '나'를 꾸짖는다. 초죽음이 되어서야 일어선다.

잠자리에 들면 바지끝 잡고 따라온 그 '나'는 벌써 이불 속에서 나를 기다리고 있다. 우리는 잠자리에서 2회전을 펼친다. 바야흐로 우리는 미루어 두었던 싸움에 목숨을 건다. 악다구니 하며 달려드는 편도, 화해의 손을 내미는 편도 나다. 그런 나가 싫다.

이런 나를 위로하고 달래줄 이 또한 '나'뿐이라는 사실이 더 야속하다. 나를 상처로부터 보호하고 싶다. 결론은 '있는 듯 없는 듯.'

'좁은문'을 두고, 나는 아마추어로 수필문학의 길에 들어섰다. 문학판 역시 '있는 듯 없는 듯' 상태에서 나는 가장 편안하고 나다워진다. 아웃사이더가 누리는 이 행복을, 이 큰 상이 거두어가지 않았으면 좋겠다.

우리는 형제

수필과지성 대마도 역사문학기행단이 대마도에서 문학세미나를 갖습니다.

오늘 세미나의 주제는 한국과 일본, 한국인과 일본인들이 이웃으로서 보다 더 큰 우정을 어떻게 공유할 것인가에 대한 친선에 초점을 맞추겠습니다.

새벽 일찍부터 자동차와 배로 험난한 길을 달려오신 수필과지성 대마도 역사문학기행단원 여러분 고맙습니다. 그리고 우리들을 환영하기 위해, 우리와 뜻을 같이 하기 위해 나와 주신 대마도문화협회 토모노우 토로 선생님과 일행 여러분에게도 감사의 인사를 드립니다.

한국인들에게 일본 하면 떠오르는 말이 가깝고도 먼 나라입니다.

지리적으로는 가깝지만 마음에 상처를 입는 일이 많았기 때문에 멀다는 표현이 함께 사용됩니다. 일제 강점기의 아픈 기억을 잊을 만하면, 일본발 망언은 우리의 해묵은 앙금을 다시 수면 위로 올려놓습니다. 한일관계에서 한국인은 과거의 아픈 기억을 좀처럼 떨쳐버릴 수가 없습니다.

한국에서 지역감정에 의존하여 자신의 정치생명을 연장해온 정치인들이 많이 있었습니다. 유권자들이 세 번, 네 번 그런 속빈 강정에 속아 넘어가지 않는 이상 이제 더 이상 그들이 설 자리는 없어지고 있습니다.

일본의 극우주의자들은 지지표를 가장 손쉽게 결집시키는 데 효과적인 이슈가 민족주의에 근거하는 것입니다. 일본의 세력이 가장 왕성했던 제국주의의 영광으로 회귀하거나, 적어도 그 향수를 불러일으킴으로써 유권자들의 관심사를 한 곳으로 모을 수 있습니다. 물론 이런 사려 깊지 못한 생각은 이웃나라에게는 상처를 되씹게 하겠지요.

이런 위험한 발상한 일본의 경제가 전보다 나아지지 않거나, 정치인들이 정치생명에 대한 위기를 느낄 때면 언제나 등장합니다. 일본 국내의 지지를 얻는 데는 성공할지 모르지만 아시아인 나아가 세계인의 지지를 얻는 데는 결코 도움이 되지 않습니다. 뿐만 아니라 세계 시장에서 일본 상품이 배척을 당하고 일본의 젊은이들이 세계의 시민으로 나아가는 데 있어서 고립을 자초할 것입니다.

일본에서 일본친구들에게 이런 의견을 말하게 되어 매우 유감스럽게 생각합니다.

지도를 자세히 보십시오.

아프리카와 아메리카가 한 덩어리였듯이 한국과 일본은 고대에는 한 땅덩어리였습니다.

한국인이나 일본인들 중 많은 분들이 어렸을 때 엉덩이에 몽고반점을 가지고 있었습니다. 그것은 우리가 형제라는 증거입니다.

멀리 떨어져 있는 사람이나, 모르는 사람끼리는 다툴 일이 없습니다. 많은 분쟁과 서운한 감정은 이웃이거나 가까운 사이이기 때문에 일어납니다. 가까운 형제간에는 싸울 일이 많습니다. 그래도 누군가가 아우의 흉을 본다면 형은 마음이 편치 않을 것입니다. 자주 싸우더라도 그 사이에는 정이, 사랑이 존재하기 때문입니다.

한일 간의 분쟁은 지리적으로 그리고 마음속에서 느끼는 거리가 다른 나라들보다 훨씬 가까워서 일어나는 현상입니다. 이러한 양자 사이의 불화가 바람직한 일은 아니지만, 양국 국민들은 충분히 이를 극복해 왔으며 때로는 협력을 통하여 양국의 발전을 위한 지렛대로 활용해 왔다고 믿습니다.

한국과 일본은 결코 먼 이웃이 아니었습니다. 그리고 그 중심에 대마도가 있습니다. 대마도는 작은 섬나라입니다. 선린관계를 유지할 때 대마도는 조선에서도 일본에서도 자국의 막내 영토로 받아들여졌습니다. 반대로 귀찮게 여겨질 때는 일본도 조선도 대마도 사람을 자국민으로 여기지 않았을지도 모릅니다. 하지만 대마도는 양국 사이에서 훌륭하게 다리역할을 해왔습니다.

한국과 일본, 한국인과 일본인 사이에는 많은 견해 차이가 있습니다.

제로섬의 이해관계로 접근하기 때문입니다. 윈윈이라는 상생의 틀에서 한일관계를 생각해야 합니다.

전후의 폐허 위에서 일본을 경제대국으로 이끈 힘은 어디에서 나왔을까 생각해봅니다. 여러 가지를 꼽을 수 있겠지만 저는 일본인들의 1) 남을 배려하는 예의와 2) 솔직함, 3) 정확성 때문이었다고 생각합니다.

일본국민들의 몸에 밴 이러한 장점은 6,70 년이 지난 오늘날의 글로벌 환경에서 세계의 시민이 지녀야 할 바로 그 덕목입니다. 일제강점기의 희생자인 한국의 노인들조차도 일본인들이 가진 이 덕목 때문에 일본과 일본인들에 대한 호감을 버리지 못합니다.

그런 일본인들이 유독 한국, 한국인들에 대해서는 비이성적이고, 그 야비성을 드러낸다고 많은 한국인들이 분통을 터트립니다. 더 이상 정치인들의 선동에 휘말려서 양국 국민들이 나쁜 마음으로 마주 앉는 일은 없어야 합니다.

한국의 정치인들이 지역감정 이슈로 더 이상 자신의 정치생명을 연장해 나가기가 어렵듯이, 일본 정치인들 역시 한일 감정을 부추겨서는 성공한 정치인이 되지 못할 것입니다. 한일 간의 갈등을 지켜보는 세계인들이 일본에 대해 실망하고 등을 돌릴 것은 자명한 일이기 때문입니다.

우리는 정치인이 아닙니다. 경제인도 아닙니다.

우리는 문학인으로서 세계인이 어디를 가나 한 형제로 친구로 다정하게 살아가기를 원할 뿐입니다. 그 생각을 이웃과 나누는 첫 번째 친구가 대마도의 여러분들입니다.

우리는 사계의 전문가들이 아니기에 우리의 생각이 당장 힘을 가지고 양국 국민들에게 효과를 나타내리라고는 생각하지 않습니다. 하지만 이 작은 시도가 한국과 일본을, 나아가 세계인들이 친구가 되는 데 크게 기여하리라 확신합니다.

오늘 바다를 건너와 갖게 되는 이 세미나가 한일 양국의 친선을 도모하는 데 작은 디딤돌 하나라도 놓을 수 있다면 다행이겠습니다.

감사합니다.

— '대마도 역사문학기행 한일문학세미나' 기본 발제문

상화정신, 대구를 넘어 세계로

A. 들어가는 말

어느 사회나 억압과 착취가 그 도를 넘을 때 저항이 일어난다. 저항이나 투쟁 방법으로는 가시적인 무력이 효과적이겠지만 국가와 같은 거대 조직에 대항하기에는 거의 불가능한 일이다. 따라서 문학적 방법이 차선으로 택해진다. 이때 분석적이고 논리적인 산문보다 시가 저항정신에 불을 지피기엔 기능적으로 뛰어나다 할 것이다.

최익현의 「창의시」(5언절구)와 황현의 「절명시」(7언절구) 같은 저항시는 한시로서 대다수의 국민이 이해하기에는 미흡하였다.

다행히 한시에서 벗어나 현대시가 정립되던 시기인 일제 강점기에는 보다 대중적이고 민중적인 저항시가 창작되었다. 대표적인 저항시인으로는 한용운 이상화 심훈 이육사 윤동주 김영랑 등이다. 이들은 시로 일제에 항거했을 뿐만 아니라 언행이 일치하여 옥고를 치르기도 했다.

해방 후 1960년대에는 조지훈 박두진 김수영 신동엽 김윤식이, 1970년대 이후엔 김지하 고은 조태일 김남주 문익환 신경림 문병란 김준태 이시영 등이 반독재, 유신체제 비판 등의 저항시로 그 맥을 이었다.

본고에서는 몇몇 저항시인들의 현창 및 기념 사업에 대해 알아보고, 상화의 시정신과 그의 시업이 제대로 평가되지 못하고 있는 현실을 점검하면서 상화정신이 대구를 넘어 세계로 나아가는 데 초점을 맞추고자 한다.

B. 상화의 문학과 삶, 그리고 평가

문학인이 위대한 것은 뛰어난 작품을 창작해서만이 아니라, 한 민족 또는 한 국가의 언어를 갈고 닦아 유지 발전시키고 나아가 공동체의 정체성, 즉 얼을 확립해주기 때문이다. 언어를 매개로 하는 작가는 작품 속에서 '그 나라가 추구하는 바'를 말해야 한다[1]고 일찍이 상화는 일갈하였으며, 그는 언행이 일치되는 사람이다.

상화(尙火, 李相和 : 1901-1943)는 대구에서 태어나, 대구에서 삶을 마감하였다. 생전에 향토색 짙은 언어로 시를 썼다. 두어 세대가 지난 오늘날엔 그 토속어가 지방 방언을 지키는 데 기여한 점이 적지 않지만 시의 감상에서는 난해한 점이 많다.

---

1) 이상화, "문단측면관", ≪개벽≫ 58호(1925)

1919년 3·1만세운동 당시 상화는 대구에서 거사 모의에 참여하였으나 주요 인물들이 검속되자 서울 박태원의 하숙으로 피신했다. 만세 운동은 실패로 돌아가고, 그는 깊은 좌절감에서 본격적으로 문학의 길을 택했다.

1922년 상화는 빙허 현진선의 소개로 '백조白潮' 동인으로 참여하여 박종화, 나도향, 현진건, 홍사용, 박영희 등과 교유하면서 일제치하 나라 빼앗긴 민족의 통분을 노래했다.

「나의 침실로」(1923, ≪백조≫ 3호)는 이상화 시의 한 축으로 당시 지식인으로서의 한계를 보여주는 감상적, 퇴폐적, 현실도피적인 정서가 노출된 낭만주의 시이다. 오지 않는 사랑을 기다리는 환상과 관능을 시인은 애절하게 노래했지만, 거기에서 우리는 3·1운동의 실패에 따른 피압박 민족을 구원해줄 마돈나는 끝내 오지 않는 암담한 현실을 비장하게 노래하는 지식인의 절망과 고뇌를 읽을 수 있다.

「빼앗긴 들에도 봄은 오는가」(1926, ≪개벽≫ 70

호)는 현실에 대한 강한 인식과 저항 의식의 진면목을 보여주는 작품이다. 참담한 현실에서 저항시를 쓴 작가는 적지 않았지만, 상화는 어느 누구도 엄두조차 내지 못했던 서슬 푸른 일제 치하에서 대놓고 일제에 반기를 들었고, 잡지는 판매금지 처분을 당했다.

민족의 비극적 현실을 헤아린다면 상화의 상반된 성향의 작품경향은 전혀 특이한 게 아니다. 상화는 1925년 카프의 발기인이 되어 잠시 경향파 활동을 한 적은 있으나, 그의 시는 1923년까지는 관능적·낭만적 시들이, 1926년 이후는 저항적인 시들이 주류를 이룬다.

「말세의 희탄」(1922, ≪백조≫ 창간호) 이후 「서러운 해조」(1941, ≪문장≫ 종간호)에 이르는 10년 가까운 작품활동 기간 중 본격적인 창작은 1928년까지의 7년 정도로 볼 수 있다. 문학적 성과는 시조를 포함한 시가 60여 편, 소설 2편, 수필 등의 산문 22편 외에 번역 소설이 5편이다. 만년에는 국문학사 집필에 의욕을 보였으나 뜻을 이루지 못했다.

'삶은 충동의 연속이며 충동은 생활 그 자체로서 그것을 기록해가는 것이 시(詩)이며, 문학인은 삶을 기록하기 위해 남다른 책임이 있어야 하고, 그 책임은 곧 민족언어를 지키는 일'이라는 것이 상화의 지론이었다. 대구야말로 상화 시의 토양이며 상화 시 정신의 원천이라고 윤장근 이상화기념사업회 명예회장은 지적한다. 상화는 학업과 중국 주유 등을 제외하곤 거의 고향을 지켰다. 이는 그의 시가 향토적 서정이 짙은 언어들로 가득한 연유이기도 하다.

상화는 1928년 6월 독립운동 자금 마련을 위한 소위 'ㄱ당사건'에 연루되어 대구경찰서에 구금된 적이 있으며, 1937년엔 백씨 이상정 장군을 만난 중국 여행에서 귀국하자 경찰에 20여 일 구금되었다. 현재 독립유공자로서의 포상 등급은 당시 일제의 법원 판결문이나 경찰요사 등의 기록에 근거하여 결정된다. 단순히 수형기준으로 상화를 평가해서는 안 된다. 상화 선생이 실제 형을 살지는 않았다 하더라도 그의 저항시들이 우리 민족의 독립열망과 우국지사들의 독립투쟁에 많은 자극을 준 것을 간과할 수는 없다.

1948년 달성공원에 한국문단 최초로 시비가 세워졌지만, 상화의 그 지고지순한 항일저항 정신과 빛나는 시업에 비하면 그를 위한 문학관 하나 없는 현실이 고인과 후손들에게 송구할 따름이다.

단테는 신곡 100장을 창작하면서 그 시대에 흔히 사용되던 라틴어 중심의 로마어가 아니라, 당시로서는 방언에 불과한 토스카나 주(수도 피렌체)의 말로 썼다. 당시 이탈리아는 라틴어 사용으로 문맹자가 많았는데 단테가 신곡을 통하여 라틴어를 정립함으로써 이탈리아어가 완성된 셈이다. 오늘날 이탈리아의 수도는 로마이지만, 표준어는 신곡에 씌여진 토스카나 주의 말이다. 작가와 작품이 그 사회에 얼마나 지대한 영향을 주는지를 보여주는 대목이다.

C. 상화의 시업 조명 : 보편성에서 특수성으로

이제까지 상화의 저항시들을 조명하는 데는 초점이 이상화라는 한 개인, 항일 저항시인, 대구를 사랑하고 대구를 떠나지 않은 대구의 시인, 자랑스런 대구의 문학인으로 한정해 왔다.

1) 항일을 넘어서는 인류평화를 위한 보편적 가치

거개의 저항시들은 정권이나 권력의 지독한 억압과 착취에 대항하려 하나 맞설 힘이 없기에 분연히 펜을 통하여 심장에 불을 지피는 것이다. 저항시를 읽고 감동을 느끼는 사람은 피압박 민중만이 아니다. 핍박과 속박에 시달리는 사람들은 물론 이런 상황의 국외자들에게도 구원을 위한 정의감을 불러일으킨다. 따라서 저항시의 창작 동기는 특정 시대, 특정인들이 겪는 아픔을 다루었지만 이는 어디까지나 인류평화의 보편적 질서 위에서 해석되어져야 한다.

상화시가 빛나는 것은 일제 치하의 살벌했던 그

시대를 산 사람들에게만이 아니라, 전 세계인이 치를 떨고 다시는 이 지구상 어느 구석에서도 그런 일이 일어나지 않아야 한다는 공감대를 형성한 데 있다.

상화의 저항시들은 먼저 일반화에서 전 세계인의 공감대를 형성한다면, 그 바탕 위에서 일제 치하라는 특수성이 쉽게 반영될 것이다. 일본의 지식인들이나 문인들이 고택을 방문하여 상화선생께 무릎 꿇고 경의를 표하는 장면을 가끔 보게 된다. 상화와 그의 저항시들은 일제의 만행에 대한 준엄한 꾸중이기 전에 인류와 국제사회에 정의를 일깨우는 교훈이다. 상화 정신은 일제의 타도 이상으로 인류평화를 위한 보편적 질서와 가치에서도 충분히 이해될 수 있기 때문이다.

2) 문인들, 시인들의 상화로 가두지 말아야

어려운 여건에서 상화시인상을 23년이나 지켜온 죽순문학회가 이 상을 이상화기념사업회에 이관하는 일은 참으로 고민스러운 일이었다. 아무도 눈여겨보지 않았을 때 죽순시인구락부 석우 이윤수 선생과 회원들은 한국 최초로 달성공원에 상화시비를 세우고, 상화시인상을 제정하여 시상해왔고 상화백일장을 열었다. 상화시인상 없는 죽순문학회는 생각하기조차 어려운 일이었다. 비록 상금의 액수가 적더라도 그 동안의 권위로 커버할 수 있는 일이기도 했다.

그럼에도 불구하고 죽순문학회가 연고를 내세워 이 문학상을 고집하지 않은 것은 상화 선생의 빛나는 시업과 일제에 항거한 시정신을 세상에 알리기 위해 그 동안 밭 갈고, 씨 뿌린 일에 긍지를 느끼는 것으로 족하다고 여겨서이다. 보다 큰 틀에서 상화 선생의 시업을 현창하는 일에 동참한다는 취지에서 선뜻 이상화기념사업회에 이 상을 이관하였던 것이다.

일제 강점기 총검 앞에서 저항시를 발표했던 상화의 뒤를 이어 시를 쓰고 문학의 길을 걷는 것이 문인으로서 긍지를 느낄 만한 일이기는 하지만, 상화를 문학인의 상화로만 귀속시키는 일은 상화를 오히려 왜소하게 만드는 일이다.

상화는 우리가 우러르는 저항시인이자 문화예술인이요 사상가이다. 상화문학제 역시 문학인만의 잔치가 아니라 범시민, 범국민적 축제가 된다면 내가 참여할 수 있는 폭이나 비중은 낮아질 수도 있다. 오로지 상화 선생의 입장에서만 생각한다면 없어지거나 줄어든 역할 때문에 서운해 할 필요는 없을 것이다.

3) 상화, 더 이상 대구의 상화가 아니다

세상에는 강자보다 약자가 훨씬 많다. 따라서 공감대를 넓히기 위해서는 상화의 저항시를 일제에 항거하는 시로만 볼 것이 아니라, 시의 해석 외연을 확장하여 인류 평화를 위한 보편적 가치로서 약육강식의 그릇된 사고에 대해 경종을 울려 주어야 한다.

마찬가지로 죽순문학회의 이상화 · 상화시인상이 아니어야 하듯, 상화는 문인들만의 전유물이 아니요,

'빼앗긴 들'이 대구의 어느 지역 들판이 아니기에 대구 사람들만의 상화로 고착시켜서는 아니 되는 것이다. 우리가 해야 될 일은 상화를 끌어안는 것이 아니라, 보다 큰 세계로 상화를 놓아주는 일인지도 모른다. 세계의 저항시인으로 우뚝 선 연후에 그를 안아야 더 크게 안을 수 있다.

D. 상화, '대구를 넘어 세계로'에 대한 제언

1) 국내 저항시인들의 기념 사업

상화와 동시대 또는 그 이후의 저항시인 몇 분의 기념관 또는 문학관 및 현창사업에 대해 알아보면서 우리가 상화에 대해 얼마나 무심했는지를 반성해야 할 것이다.

이육사

문학관 : 선생의 흩어져 있는 자료와 기록을 모아 그의 출생지인 원촌리 불미골에 건립하였다. 1층 전

시실은 육사의 생애, 문학세계, 독립운동의 자취로 나누어 작품과 육필 원고, 관련 문헌 및 사진 자료가 전시되어 있으며 육사의 감옥생활과 조선군사간부학교의 훈련 모습을 재현한 모형도 볼 수 있다. 2층에는 영상실, 기획전시실, 체험코너 등이 마련되어 있으며, 문학관 주변은 연못과 분수, 생가 모형, 동상 등 색다른 정취와 전원을 느낄 수 있도록 조성하였다. 문학관 뒤편으로 이육사의 묘소가 있다.

문학상 : 이육사 탄생 100주년을 맞아 그의 숭고한 생애와 문학정신을 기리고 계승하기 위해 TBC가 2004년 제정하였다. 상금 일천만원.

김영랑

문학관 : 영랑 김윤식, 용아 박용철, 정지용, 위당 정인보, 연포 이하윤, 수주 변영로, 김현구, 신석정, 허 보 등 한국의 서정시를 이끈 시문학파 동인들의 문학정신을 계승하고, 나아가 20세기 시문학의 산실로 자리매김하고자 개관하였다.

영랑시문학상 : 강진군 주최, 영랑시문학회와 '시와시학'이 공동 주관한다. 2003년 제정.

영랑문학상 : 월간 순수문학이 주최, 2006년 제정. 영랑시문학상으로 통합.

조태일

시문학기념관 : 1969년 시전문지 ≪시인≫을 창간하고 『식칼론』 등 여덟 권의 시집을 간행하면서 이 시대의 대표적인 저항시인으로 기억되는 조태일의 문학세계를 기리고자 건립된 문학관이다. 조태일 시인의 유품과 작품이 전시되어 있는 조태일시문학기념관과 최남선의 『백팔번뇌』 등 희귀본에서 최근 작품까지 3,000여 점의 시집이 전시되어 있는 시집전시관 두 동으로 이루어져 있다.

문학상 : 없음.

김수영

문학관 : 시인이 생전에 시작詩作 생활을 하였던

도봉구에는 그의 본가와 묘, 시비가 있다. 600년 동안 마르지 않고 흐르는 원당샘 공원, 연산군과 정의공주 묘, 그리고 도봉산으로 이어지는 북한산 둘레길과 더불어 자연과 문학이 어우러지는 문화공간을 제공하고자 도봉구에서 문학관을 건립하여 2013년 11월 27일에 개관하였다.

문학상 : 1981년 제정된 이 상은 2006년부터 등단 10년 이내의 기성시인은 물론 미등단 예비시인에게도 문을 열어 놓고 있다. 시 50편 이상으로 응모를 받아 수상시집을 발간한다. 상금은 1천만 원이며, 인세가 상금을 상회할 경우 초과분에 대한 인세를 받을 수 있다.(민음사)

조지훈

문학관 : 청록파 시인이자 지조론의 학자 조지훈 선생을 후세에 길이 기리기 위해 건립한 문학관이다. 미망인 김난희 여사가 직접 현판을 쓴 문학관을 들어서면 170여 평 규모에 단층으로 지어진 기와집

이 'ㅁ'자 모양으로 방문객을 맞이한다. 문학관에 들어서면 조지훈의 대표적인 시 '승무'가 흘러나오고, 동선을 따라 조지훈 선생의 삶과 그 정신을 살펴볼 수 있는 다양한 유물들이 전시되어 있다.

문학상 : 2008년 제정, 한국시연구협회.

2) 상화정신의 브랜드화를 위한 노력

① 대구를 넘어 한국의 상화, 세계의 상화

상화 전기 독후감 공모 : 초·중·고등학생들을 대상으로 한 상화전기를 공모하고 있다. 책을 구하기 어려운 이들에게는 상화고택 방문기로 대체해도 되며 상화정신을 바르게 이해하고 나라 사랑의 마음을 되짚어보면서 상화정신이 앞으로 어떻게 구현되어져야 할지 생각해보는 시간을 마련하기 위한 사업이다. 교육부 후원을 받아 전국 단위 행사로 격상하였다.

상화 정신의 구현과 해석의 외연을 넓히기 위한 일환으로 2013년 영랑기념사업회와 상호 교류 협약을 채결하고 기념행사에 상호 방문 및 협력을 하고 있다. 이듬해에는 영호남의 문화적 특성을 바탕으로 하여 양 기관의 문학제에 교차 출연 하는 등 두 시인의 시업을 함께 현창하고 있다.

② 상화 문학상 상금의 현실화와 해외 활동 지원의 문제

현재 상화시인상 상금은 500만 원으로 국내 문학상 상금 중에는 매우 낮은 수준이다. 상의 권위가 상금의 많고 적음에 있는 것은 아니지만 권위에 걸맞게 상금을 올리고자 하는 노력은 기념사업회의 숙원 중의 하나이다. 국외에서 상화 정신을 현창하려는 단체나 사업의 주체가 우리 기념사업회에 지원 요청을 해올 때 기꺼이 응해야 할지, 오히려 그 재원을 상화시인상 상금의 상향에 투자해야 할지는 고민되는 부분이다.

③ 상화문학관 또는 전문 기념관

전국에는 60여 개의 문학관이 있다. 개인의 문학적 업적을 조명하는 문학관과 다수의 작고 문인과 향토 작가를 수용하는 지자체 명의의 문학관이 있다. 문학관 운영자들의 말을 빌면, 전자의 경우가 문학관으로서 대부분 성공적이라는 평을 받고 있는데 비해 후자는 다수를 위한 문학관이기 때문에 작가의 개성이나 특성이 무시되었기 때문이라고 한다.

대구 중구청에서 기획한 골목투어 '근대路의 여행'의 중심에 상화고택이 있다. 이 프로그램은 전국의 자치단체들이 벤치마킹해 갈 정도로 인기를 끌고 있으며, 매년 관광객들이 수십만 명으로 증가 일로에 있는데 상화 정신을 제대로 보여줄 수 있는 전문기념관이나 문학관이 가까이에 있다면 보다 큰 시너지 효과를 올릴 수 있을 것이다. 현재 고택방문 해설은 실외에서 이루어지기 때문에 이웃 주민들로부터 소음에 대한 민원이 끊이지 않고, 우천 시에는 행사 자체가 취소되는 경우가 허다하다. 전문기념관이나 문학관이 있다면 전천후 행사는 물론 민원의 소지도 없어진다.

대구시민과 문학인들의 숙원이었던 대구문학관이 개관되어 아쉬운 대로 대구의 근현대문학을 종합적으로 조망하고 있어 다행이다. 특히 해방공간과 한국전쟁기간은 한국의 근현대문학에서 매우 중요한 시기이다. 한국전쟁기간에는 많은 문화예술인들이 대구로 피란을 와 한때 대구 문학과 예술은 르네상스를 맞기도 했다. 그 한가운데 죽순과 상화의 시정신이 자리하고 있었음은 우연이 아니다.

앞으로 규모가 작더라도 상화, 고월, 목우, 빙허 등의 개별 문학관이 체계적인 자료정리의 토대 위에서 개성을 발휘하여 건립되기를 기대한다.

상화의 숭고한 민족저항정신이 대구라는 테마에 묻히지도 않을뿐더러, 상화시의서는 아니 되기 때문이다.

④ OSMU : 스토리 텔링, 뮤지컬 그리고 번역

오늘날은 하나의 원작을 다양한 분야 또는 장르

에서 활용(One Source Multi Use)하여 부가가치를 높이고 있다.

대구는 상화와 저항시라는 어느 나라 사람이라도 공감할 수 있는 고급 컨텐츠를 가지고 있다. 이를 스토리텔링으로 개발하여 오늘날의 우리 삶과 연계한다면 인구에 회자는 물론 고택을 중심으로 한 관광 산업에도 크게 이바지할 것이다.

최근 이상화기념사업회는 미니 뮤지컬 '빼앗긴 들에도 봄은 오는가'와 '상화, 영랑을 만나다' 등을 선보였다. 일회성으로 끝내지 말고 대구문화재단에서 주말마다 갖는 '골목은 살아 있다'처럼 상설 공연도 기획해볼 만하다.

그리고 한국의 상화로 머물지 않기 위해서는 번역이 중요하다.

번역은 제2의 창작이라는 말이 있을 정도로 결코 쉬운 일이 아니다. 그럼에도 그의 작품은 수사와 기교보다는 인생에 대한 가치를 우위에 두었으며, 다섯 편 정도의 소설을 번역한 적이 있기에 그의 문체 또한 번역을 하더라도 크게 무리가 따르지 않을 것으로 생각된다.

상화의 시어가 대구의 토속적 언어를 바탕으로 하고 있지만, 그의 시에는 외국어로 번역하는 데 까다로운 한국적 한과 같은 특수 정서보다는 인간의 심연에 기인한 보편적 정서가 지배적일지도 모른다.

현대인들조차 이해하기 어려운 방언이나 토속어를 정리하여 가칭 '상화시어 사전' 같은 자료집의 발간도 필요하다. 선생의 저항정신과 시가 보다 보편적 인간 정서에서 기인하고 있음을 보여줄 수도 있으리라.

상화는 문학활동에서 '개성에 대한 관찰성, 사회에 대한 관찰안, 시대에 대한 관찰력'을 중시하였다. 그 관찰을 통한 '사람다움'은 사람의 양심에서 나오며, 사람이 아니고는 찾을 수 없는 아름다움을 사람이 살 땅 위에 가져오려는 노력이 있어야 한다고 했다.

상화의 시가 세계인들의 심중에 감동을 주기에

적합한 것은 이 세상에는 강자보다는 약자가 훨씬 많다는 점이다. 어느 시대에나 억압받는 사람은 많다. 총칼로 지배하던 시대가 지나면서, 정치나 고용면에서, 경제적인 종속 등 그 형태나 속성은 바뀌었지만 강자에 대한 약자들의 소리 없는 저항은 지구 곳곳에서 지속되고 있다. 항일 저항시이지만 외연을 확대한다면 좌절에 대한 구원의 치유재로서 충분한 시적 카타르시스를 발휘할 수 있을 것이다.

E. 나가며

문학관이 개설된 앞서의 저항시인들과 비교했을 때 상화의 문학적 업적이나 작품들의 중요성은 전혀 뒤떨어지지 않는다. '대구가 상화에게 도움을 준 것이 있다면 생을 얻게 했을 뿐 아무 것도 해주지 못했다'[2]는 말을 새겨볼 일이다.

대구는 문학의 도시라 해도 좋을 만큼 근현대 문

---

2) 윤장근, "여명기의 주역 이상화", 『대구문단인물사』, 2010, 16쪽

학의 선구자와 작가들이 많다. 대구가 제3의 도시에서 제4의 도시로 밀려난 지 오래이다. 굴뚝 없는 산업, 지식 경제, 문화의 산업화가 시대의 아이콘으로 떠오르는 이때 훌륭한 콘텐츠를 두고도 뒷짐만 지고 있는 것은 돈의 문제가 아니라 우리 시민들의 의식의 문제이다.

상화, 대구를 넘어 세계로 나아가는 시인으로 만드는 데 상화를 흠모하고, 대구를 사랑하는 시민들이 큰 역할을 해야 할 것으로 기대한다.

— '상화정신, 대구를 넘어 세계로' 세미나 발제문

마음 맞는 책

아무리 더 손쉬운 다른 무엇이 더욱 발달되더라도 종이는 종이대로 그 값어치를 잃지 않을 것이다. 글자는 글자대로 그 값어치를 지니고 있으리라.

책은 옛날 살던 훌륭한 사람을 만날 수 있게 하고, 먼 데 사는 어떠한 사람도 만날 수 있게 하리라.

책은 실로 사람과 사람, 사람과 지식, 사람과 기술, 사람과 영혼을 만나고, 손잡고 친하도록 주선하여 주리라.

북랜드는 보다 덕 되는, 보다 재미있는 책들을 가리어 보다 가지기 쉽게, 보다 값싸게 문고판으로 연이어 만들어 마음 맞는 책으로 독서가 여러분의 사랑을 꾸준히 받으련다.

마음 맞는 책 편집위원회